旅のち、チャイ

チャイと焼き菓子のレシピ＆旅ノート

吉池浩美

はじめに

私が初めてチャイに出会ったのは、今から40年近く前の、ネパールの山の中でした。

当時私は中学生で、学校や社会になかなか馴染めず、いわゆる"引きこもり生活"を送っていました。そんな姿を見兼ねた両親が、「もっと広い世界を見てほしい」と親戚のいるネパールへ、私を送り出してくれたのです。

そこで経験したのは、世界最高峰の山々が連なるエベレスト山群を見渡すトレッキング。地元のシェルパたちと3週間ほど生活を共にし、山に入る。連日の山登りは辛かったけれど、シェルパが淹れてくれるチャイの時間がたまらなく好きでした。

川の水と薪でお湯を沸かし、近くで草を食む水牛やヤギの乳で作る彼らのチャイは、埃くさくて甘たるくてちょっとスパイシーで、お世辞にもおいしいとは言えないものだったけれど、とても優しさに満ちた、衝撃的な味でした。

初めて口にするその異国の飲みものは、たくましく生きるためのエネルギーと、性別・年齢・国境を越えて、飲んだ人を包み込む温かさを強烈に私の記憶に残してくれたのです。

そんな優しい一杯を誰かに作りたくて、私は紅茶屋になりました。

それ以来私は、アジアを中心に旅をしています。初めて出会う、人、音、色やにおいはとても鮮やかで刺激的で。そんな景色からインスピレーションを得て、チャイやお菓子のレシピが生まれるようになりました。

そして今、長野県東御市でチャイと焼き菓

子の店「mimiLotus（ミミロータス）」を営みながら、ネパールやインドで現地の人たちにチャイをふるまう旅を続けています。

　この本に登場するレシピには、今までの私の旅のストーリーやエッセンスがふんだんに詰め込まれています。現地そのままの作り方だけではなく、私独自のレシピやアレンジもたくさんあります。

　チャイもお菓子も、こうでなければいけない、なんて決まりもありません。とても自由な世界なのです。

　この本を通じて、旅のワクワクやときめきをチャイやお菓子にのせて感じていただけたらうれしいです。

吉池浩美

| 2 | はじめに |
| 6 | この本の使い方 |

Chapter 1
チャイのあれこれ

| 8 | チャイのルーツ | 10 | 茶葉 | 12 | 牛乳 |
| 14 | 道具 | 15 | うつわ | 16 | スパイス |

Chapter 2
チャイレシピと旅ノート

| 20 | プレーンチャイ |
| 22 | アイスチャイ |

ネパール編

26	もてなしのスパイス　タンセン
	—— マサラチャイ
28	初々しさの香り　ポカラ
	—— フェンネル・オレンジチャイ
30	コミュニケーションのお守り　ポカラ
	—— ティムル・チョコレートチャイ
32	旅の中のささやかな日常　ポカラ
	—— ヒマラヤン・ソルトチャイ

34	ちくさ茶房　カトマンズ
	—— サフランチャイ
36	原点の場所　カトマンズ
	—— 七味唐辛子チャイ
38	"ゆっくり"を知る　ダンプス
	—— ネパールラム酒・シナモンチャイ
40	強くて優しい、村のお茶　ヘランブ
	—— バターチャイ
42	おかんのミルクティー　ムクティナート
	—— パウダーミルクチャイ
44	エクダムミトチャ　ビラトナガル
	—— チョコレート・オレンジチャイ
46	背中を押した隠し味　ジャナクプル
	—— コーヒーチャイ

インド編

66	今日はとっても Happy だ　マドゥライ
	—— ジンジャー・オレンジチャイ
68	THIS is INDIA　コチ
	—— ほうじ茶チャイ
70	旅の小休止　アラップーザ
	—— ブラックペッパー・ココナッツチャイ

72 景色のパズルを重ねる ムンナール
── カルダモン・チョコレートチャイ

74 バンガロールのラドゥ バンガロール
── キャラウェイ・きな粉チャイ

76 ピンク色のサリー オールドデリー
── ターメリック・ローズチャイ

78 無知から生まれたお気に入り ロンドン（イギリス）
── ローリエ・セージチャイ

80 素敵な不透明さ パリ（フランス）
── キャラウェイ・アニスチャイ

南・東南アジア編

84 ナヤナさんの記憶 コロンボ
── クミン・オレンジ・チョコレートチャイ

86 魔法の一杯 シレット
── ブラックペッパー・コリアンダーチャイ

88 カンポットペッパー カンポット
── ブラックペッパー・バナナチャイ

90 ハノイのぜんざい ハノイ
── あずき・ごま・生姜チャイ

92 バンコクの鼓動 バンコク
── シナモン・いちごチャイ

94 終の住処はチェンマイで チェンマイ
── カルダモン・ミント・レモングラスチャイ

96 灼熱の太陽の下で チェンマイ
── タイの冷たいミルクティー

98 スモーキーで甘い国 ヤンゴン
── ミャンマーのミルクティー

気分で楽しむチャイ

102 リフレッシュしたい時に
── カルダモン・レモンチャイ

103 ほっとひと息つきたい時に
── ブラックペッパー・いちご・チョコレートチャイ

104 甘酸っぱい気分に
── ティムル・いちごチャイ

105 いたわりなチャイ
── ルイボス・ハーブチャイ

106 リラックスしたい時に
── チョコレート・ミントチャイ

107 身体を温めたい時に
── 柚子・生姜チャイ

108 おやすみなチャイ
── ルイボス・マサラチャイ

Chapter 3
焼き菓子レシピと旅ノート

113 ビスケット（基本の作り方）

114 マドゥライの喧騒
—— マサラとココナッツの小麦ビスケット

116 ギータの秘密
—— フェンネルシードとシナモンの全粒粉ビスケット

118 アンガンの衝撃
—— アジョワンとレモンの米粉ビスケット

119 マサラ香るアイスクリーム

120 サブレスコーン（スコーン基本の作り方）

122 生八ツ橋をヒントに
—— シナモンと金時豆のスコーン

123 ケララおじさんの笑顔
—— カルダモンとバナナのスコーン

124 ネパール風ミルクプリン

チャイのおとも
18 1 マサラパウダー
24 2 チョコレートシロップ
24 3 いちごペースト
113 4 素精糖シロップ

49 ネパールときどきインドの旅日記

column 旅のスケッチ
48 1 ダルバート
82 2 ボダナート
100 3 旅のもちもの

109 mimiLotus ハコ作り日誌

126 おわりに

《この本の使い方》
- チャイレシピはすべて、〖プレーンチャイ〗（p.20）の分量がベースになっています。これにスパイスやフルーツなどを加えることで、さまざまなバリエーションのチャイができあがります。
- できあがりは約300ml（2杯分）。ネパールやインドでは小さなグラスで1日に何杯も飲みますが、本書では1杯150mlで計算しています。
- 特記のないスパイスはすべてホールです。スパイスを潰す場合は、スパイスマッシャーやすり鉢などで潰します。
- 計量スプーンは、大さじ1は15ml、小さじ1は5mlです。
- オーブンは機種によって加熱温度、加熱時間、焼きあがりが異なります。表示の時間を目安に、調整してください。
- 柑橘類は皮を使うので、低農薬のものを選ぶとよいでしょう。皮に付いた農薬を除くには、150mlの水に塩ひとつまみを溶かした塩水に浸けておきます。

Chapter 1
チャイのあれこれ

チャイのルーツ

「チャイって何ですか？」

紅茶専門店として13年、チャイ屋として3年の間、実にたくさんの方に問いかけられました。そのたびに私は、「チャイは、お茶の意味ですよ」とひとこと。質問したお客さまのほとんどは長い説明があると思っていたようで、キョトンとしています。

そうです。実は"チャイ"という言葉自体は、インド、ロシア、トルコや中東などで広く使われていて、中国語の"茶"に由来します。

中国・雲南省で発見され、唐の時代にビルマ（今のミャンマー）、チベットを越え、はるかインドやヨーロッパへ辿り着き、さらには中東、ロシア、アフリカ、そして日本にまで伝わったお茶そのものの呼び名なのです。

"チャイ"というと、インドのスパイシーで甘いミルクティーを想像する人も多いのでは。それは1980年代から日本に増え出したインドカレー店の影響が強いのではないでしょうか。

スパイシーな食事の後に出される甘いミルクティ

ーは、ほっとできてどこかエキゾチック。その異国情緒たっぷりのイメージが、多くの人の心に強く残るのでしょう。カレーと共に知られるようになったインドのチャイですが、そのルーツは諸説あります。

1. アジア伝播ルート

中国からチベット、ネパール、インドへと馬の背に乗せられて運び込まれたのが、「辺銷茶」や「団茶」と呼ばれる、茶葉を蒸して潰して固めた「黒茶」。後発酵（茶葉を加熱して酸化を止め、乾燥させたあとに微生物により発酵させる茶）のプーアール茶や蔵茶も黒茶の一種です。

チベットではこの固形のお茶を崩して濃く煮出し、ヤクの乳から作ったバターと塩を混ぜるバター茶が広まりました。今でもバター茶は、寒くて乾燥したこの地域に生きる人々の生活に欠かせない飲みもので、お茶というよりスープに近い感じ。

お茶を煮出して乳製品を加えるという飲み方は、チベットからヒマラヤを越え、ネパールへ──。そ

してバターは手に入りやすいミルクに、暑い時のエネルギー補給として塩は砂糖に変化し、インドに伝わったという考え方です。

2. イギリス→インドルート

19世紀に入ると、イギリスは植民地であるインドでこぞって紅茶を作り、ヨーロッパやアメリカで高く売ることで利益を上げました。良質な紅茶は欧米へ送られてしまうので、インド国内ではダスト（DUST）と呼ばれる安いくず茶しか飲めませんでした。そこでインドの人々はおいしくお茶を飲めるように、古くから親しまれているスパイスと共に煮込み、ミルクと砂糖を加えたのです。安くておいしくエネルギー補給にもなるので、当時インド人の大多数を占めた労働者に、日常的な飲料として広く伝わりました。

現代ではインドや西アジアでチャイを飲む人口が多いため、このルートが世界的に知られているようです。

「どこから来たの？」
「お茶でも飲もう」

ネパールやインドのチャイ屋さんでは、見ず知らずの私にも現地の人たちは気さくに声をかけてくれました。今この瞬間も、そこはコミュニケーションの場所として、多くの人でにぎわっていることと思います。

❀ 茶葉
チャイのベースをつくる

ミルクやスパイスをたっぷり入れるチャイは、茶葉そのものの味や香りを楽しむストレートティーとは違い、茶葉はある程度安価なもので大丈夫。でもせっかくなら、茶葉の製法や大きさ（グレード）にも着目を。短時間で、しかも少量で濃厚な茶液が抽出できる、CTCタイプ、BOPタイプの細かい茶葉がおすすめです。

CTCタイプ

Crush（潰す）、Tear（引きちぎる）、Curl（丸める）の略で粒状の茶葉。茶葉が引きちぎられて表面積が大きいので、短時間の抽出で茶葉本来の渋味やコクが出やすいのが特徴。大量生産できるので、ティーバッグに使われています。
＊ティーバッグは袋を開いて茶葉を出すのがおすすめ！

イラム／ジャパ（ネパール）　Ilam/Jhapa

ネパール最東端に位置するイラム郡とジャパ郡は、良質な茶葉の産地。イラムティーは、数十km先のダージリン（インド）に似た、さわやかなマスカットフレーバーが広がります。さらに南へ進んだタライ地方に位置するジャパは、標高が低く気温も高いので、アッサムティーに似たチャイ用の茶葉が多く生産されています。

代表的なCTC茶葉

アッサム（インド）　Assam

世界最大級の紅茶の産地アッサムは、19世紀にイギリスが初めてインドでの紅茶の栽培に成功した場所。たっぷりの雨とヒマラヤ山脈からの風で作り出される、独特の渋味と深い味わいが特徴です。

ケニア（アフリカ）　Kenya

アフリカで本格的に紅茶の栽培、生産が始まったのは1960年代以降で、比較的最近のこと。広大な大地で茶樹に適した気候で育ったケニアティーは、マイルドで飲みやすく、そのほとんどはティーバッグになっています。

BOPタイプ

Broken Orange Pekoe(ブロークン オレンジ ペコー)の略。枝の先端の若くて柔らかい葉"芯芽"(オレンジペコー)を2〜3mmに細かくカットした茶葉です。茶葉本来の上品で繊細な香りと水色(抽出液の色)が楽しめます。

代表的なBOP茶葉

ディンブラ(スリランカ)　Dimbula

紅茶ならではの華やかな味と香り、水色が一年中安定した使いやすい茶葉。スパイスやフルーツを使ったアレンジチャイにもおすすめです。

ルフナ(スリランカ)　Ruhuna

スリランカ茶の産地の中で最も標高が低く(600m以下)、南に位置するルフナ。気温が高いので大きな葉に成長し、発酵が強くどっしりとしたスモーキーな味わいが特徴です。スパイスやチョコレートを使ったアレンジチャイによく合います。

ミミロータス おすすめブレンド

チャイは1種類の茶葉で作れますが、気分に合わせてブレンドも楽しめます。

イラム×ディンブラ

6:4の割合で配合。紅茶本来の華やかさを感じるブレンド。カルダモン、フェンネル、柑橘類など清涼感のあるスパイスやフルーツのチャイとの相性◎

アッサム×ルフナ

5:5の割合で配合。コクとスモーキーな味わいが楽しめるブレンド。チョコレートやシナモンなど、甘い香りのアレンジチャイにおすすめ。

Chapter.1　チャイのあれこれ

❀ 牛乳
チャイの味わいをまとめる

　長年チャイ作りと向き合ってきて、チャイの作り方を幾度か変えたことはあっても、唯一変えていないのが、低温殺菌牛乳を使うことです。

　チャイの本場、インドやネパールで売られている牛乳は無殺菌、いわゆる生に近い状態です。口あたりも軽やかで、飲み終えた後もさらっとしていてキレがいい。最近は、スーパーには殺菌された牛乳が並ぶようですが、しっかりと殺菌されていない牛乳が流通する地域もまだまだあります。

　なので現地で牛乳を飲む時は、必ず煮沸させるか火を通す必要があるのです（牛乳を買ってきてそのまま冷蔵庫に入れたままだと、次の日には腐っていることも！）。

　対して日本の牛乳のほとんどは、120℃以上で2～3秒の高温殺菌処理をしたUHT(Ultra High Temperature)牛乳。短時間で大量の生産が可能で、あらゆる菌が

スーパーや通販で販売している低温殺菌牛乳

死滅して品質が保てるので、日持ちもします。しかしたんぱく質に高温を加えたことによる、独特のにおいとねばねば感が残ります（多分牛乳ギライの人はこの特有のにおいが苦手なのかと）。

　さすがに日本で無殺菌の牛乳は販売されていませんが、それに近いのが低温殺菌牛乳なのです。63～

これも牛乳！

インドやネパールでは
ビニール袋で
牛乳が売られている

65℃で30分、低温でじっくり殺菌されるので、口あたりが高温殺菌のものと全然違います（風味や香りも違うので、比べてみてください）。

煮詰めた低温殺菌牛乳は、コクはあるけどさらりとした後味が心地よく、何杯でも飲める口ギレの良いチャイになります。

Chapter 1　チャイのあれこれ

memo

牛乳の代わりに豆乳、オーツミルク、アーモンドミルクなどの植物性ミルクでもチャイはできます。体質や好み、気分も人それぞれ。一番大事なのは、チャイでひと息ついて気持ちが満たされることだと思います。

✤ 道具

チャイにとっての名脇役

揃えるのも楽しいチャイグッズ。
道具から入るのも時には大事です★

1　2
3　4

1 手鍋

熱の伝導率が良い銅製のものがおすすめ。この本のレシピ（300ml分）を作るには、直径15cm前後のものが使いやすいです。チャイのできあがり600mlくらいまで作れます。茶葉のこびりつきは、金タワシで擦って落とします。

2 バースプーン（ティースプーン）

長さ32cm、すくう部分5cmの、バーでカクテルを作る時に使うスプーンを長年愛用しています。スプーンの反対側は、スパイスなど香りの強いものをすくうのにも使えます。もちろんティースプーンでもOK。茶葉用のティースプーンを決めて、ひとすくいが何gか知っておくと便利です。

3 茶こし

最近のお気に入りは、インドやネパールの荒物屋さんで手に入れたステンレス製のもの。丈夫で洗いやすく、持ち手がしっかりしているものをヘビーユースしています。

4 スパイスマッシャー（すり鉢＆すりこぎ）

本格派には電動ミルミキサーもおすすめ

スパイスはパウダーよりもホール状のものを細かく砕いたりすり潰す方が、断然香りが豊かです。私はスリランカ産の木製のスパイスマッシャーをかれこれ30年ほど愛用しています。インド、ネパール、タイなどではステンレスや真鍮、石から作られるものも。小さいすり鉢＆すりこぎや、乳鉢などでも代用できます。

うつわ
チャイをもっと楽しむ小道具

口にあたる部分の素材で印象が変わるので、
気分に合わせていろいろ試して楽しんでみて。

1　2
3　4

1 チャイグラス

チャイの本場、インドやネパールではチャイグラスが主流。大体100mlが入る大きさで、一日に何杯もこの小さなチャイグラスで嗜みます。ミミロータスでは、現地で買い付けたチャイグラスを使用しています。

2 プルワ／クリ

インドでは、「プルワ」や「クリ」と呼ばれる素焼きのチャイカップも使われます。飲み終わったら地面に叩きつけて粉々にし、土に還すのは、"食器の使い回しは穢(けが)れが移る"というヒンドゥー教の考え方。人口の多いインドでは、土からカップを作る人、割れたカップを集める人、それでまた作り直す人など——職業の循環にもなっているそう。

3 タンブラー＆ダバラ

南インドではフィルターコーヒーが主流で、ステンレス製の「ダバラセット」と呼ばれるタンブラー（カップ）＆ダバラ（ソーサー）がチャイを飲む時も使われます。南インド独特の泡々のチャイにはこのタンブラーの口あたりがいちばん。タンブラーに入れたチャイをダバラに移し、またタンブラーに戻すという作業を2〜3回繰り返し、熱々を冷ましながら飲みます。

4 カップ＆ソーサー

ストレートで楽しむ紅茶には、口あたりが繊細で薄いものがおすすめですが、チャイにはぽってりした厚みのあるカップが◎。私は、インドのレストランやホテルで使われている業務用食器「SAMRAT」のカップ＆ソーサーがお気に入りです。

Chapter 1　チャイのあれこれ

✦ スパイス

チャイの印象を決定づける

チャイの味と香りを作り出すのに
欠かせないスパイス。効能もさまざまです。
ミミロータスでよく使うのは、次の5種。
他のスパイスやフルーツ、チョコレートシロップと
合わせると、使い方は無限に広がります。

シナモン　Cinnamon

甘く香ばしい香りで、比較的使いやすいスパイス。血行促進、抗菌作用が期待できるため、風邪の引き始めにとると良いといわれています。甘い柑橘系のオレンジやチョコレートと良く合います。

ジンジャー　Ginger

日本では古くから生姜として料理などに使われているお馴染みのスパイス。ドライタイプもありますが、私はしぼり汁を使います。身体を瞬時に温め、代謝を良くするといわれているので、冬には欠かせません。ピリッとした風味は、レモンやオレンジ、ラム酒などの香りを引き立てます。

カルダモン　Cardamom

"スパイスの女王"とも呼ばれる高貴な香り、さわやかな清涼感が印象的。整腸作用、抗炎症作用、リラックス効果が期待できます。レモンやグレープフルーツなどのさわやかな柑橘類や、チョコレートとの相性が良いです。

ナツメグ　Nutmeg

甘くエキゾチックな香りで、まろやかなほろ苦さも。少量を隠し味程度に効かせると、風味が引き立ちます。殺菌、消臭効果が期待されるので、肉魚料理に使われることが多いのですが、乳製品との相性も◎。シナモン、クローブ、チョコレートなどと一緒に。

クローブ　Clove

スモーキーで深みのある独特の香り。単体で使うよりも他のスパイスと合わせることでその良さが発揮されるので、隠し味程度に使うのがおすすめです。殺菌・鎮痛作用もあるため、インドで歯痛に襲われた時には、クローブひと粒を口に含んで応急処置しました。シナモン、ナツメグ、ターメリックとの相性が良いです。

Chapter 1　チャイのあれこれ

チャイのおとも1

Masala powder

マサラパウダー

南アジアの食卓の香りや風味付けに欠かせないスパイスミックス。
家庭やお店によって、また肉用、魚用、野菜用、チャイ用など、
料理によっても配合や割合が変わるそう。
ミミロータスのマサラパウダーは、チャイにもカレーにも
デザートにも使える万能タイプ。ホールスパイスから作る香りの良さは格別です。

〔使う道具〕

スパイス用のミキサー
　　　（すり鉢＆すりこぎでも）
ふるい用のざる
ボウル2〜3個

〔材料〕できあがり約40g

カルダモン（ホール）── 16g
シナモン（ホール）── 13g
ジンジャー（ドライ）── 13g
クローブ（ホール）── 3g
ナツメグ（パウダー）── 4g

〔作り方〕

1　シナモン、ジンジャーは、大きな塊があればカナヅチなどで叩き、
　　軽く細かくしておく。
2　ミキサーにナツメグパウダー以外を入れ、数回に分けてミキサーを回す。
3　均等にパウダー状になってきたら、ざるでボウルにふるう。
4　ざるに残った荒いスパイスを、再度ミキサーにかけ細かくしてふるう。
5　4をもう1回繰り返す。
　　＊ふるいきれず残った部分（10gほど残るはず）は、5gずつお茶やだし用の
　　パックに入れ、お湯を注げばマサラティーとして楽しめます。
6　パウダー状になったらナツメグパウダーをふるいながら加える。

〔保存〕　保存性の高いびんに入れ、直射日光の当たらない涼しい場所で約1年保存可能

Chapter 2
チャイレシピと旅ノート

旅で訪れたネパールやインド、
東南アジアでの経験や出会い、
風景から生み出されたチャイレシピ。
スパイスの香りと共に
旅の景色をお楽しみください。

plain chai
プレーンチャイ

すべてのチャイのベースになります。
ネパール、北インド、バングラデシュなどの
作り方を参考にしています。
砂糖はお好みの分量で。
甘い方が味のバランスが取りやすいです。

〔材料〕2杯分

紅茶の茶葉(p.10) ― 6〜7g

水 ― 120ml

牛乳 ― 250ml

砂糖 ― チャイ1杯につき小さじ1・1/2杯が目安

〔作り方〕　作り方の **1〜4** はすべてのチャイに共通です。

1 手鍋に水と茶葉を入れて1分半〜2分強火にかけ、葉をしっかり開かせる。

2 強火のまま牛乳を入れる。お玉などで空気を含ませながら、沸騰直前までよく混ぜる。2分くらいが目安。

3 吹きこぼれる手前で火を弱め、そのまま弱火で1分半〜2分、混ぜながら煮出していく。茶葉がクツクツ踊るような火加減で。

4 ふたたび強火にし、吹きこぼれる直前で火を止める。
ここで少し蒸らすとより濃厚に！

5 グラスやカップに砂糖を入れ、**4**を茶こしでこしながら注いで混ぜる。

砂糖は素精糖がおすすめ
さとうきびから作られた未精製の砂糖で、クセがなくベタッとした甘さが口に残りません。精製されていないきび砂糖でも。

Chapter 2　チャイレシピと旅ノート

21

Ice chai
アイスチャイ

ネパールやインドの人たちは、
夏でも熱いチャイを飲みます。
だけど日本の夏にはやっぱりアイスチャイ。
ミントを加えて、
軽やかさとさわやかさをプラスします。

チャイのリキッド（約3杯分）

濃く煮出したリキッドを作っておけば、
いつでもおいしいアイスチャイがいただけます。

〔材料〕

紅茶の茶葉 — 15g

水 — 500ml

生姜 — 40g

A｜カルダモン — 3粒
　｜シナモン — 3g
　｜ペパーミント（ドライ）— 小さじ1
　｜ブラックペッパー — 小さじ1
　｜マサラパウダー(p.18) — 4g

〔作り方〕

1　カルダモン、シナモン、ブラックペッパーは細かく潰し、生姜は皮をむいてすりおろす。
2　鍋に茶葉と水、生姜半量と**A**を入れ、沸騰するまで強火にかける。
3　沸騰したら火を中火くらいまで弱め、10分ほど煮出す。
4　鍋を火からおろし、粗熱が取れたら残りの生姜を加え、茶こしでこす。この時茶葉やスパイスをスプーンでおさえて最後までギュッとしぼる。

〔保存〕　冷蔵で3〜4日保存可能

アイスチャイ（1杯分）

〔材料〕

チャイのリキッド — 100ml

牛乳 — 100ml

素精糖シロップ — 15〜20ml
　（p.113、なければ市販のガムシロップ）

氷 — 適量

マサラパウダー — ひとつまみ

〔作り方〕

1　グラスに『チャイのリキッド』100mlと冷たい牛乳を注ぎ、シロップを加えて混ぜる。
2　氷を入れ、仕上げにマサラパウダーをふる。

チャイのおとも2
Chocolate syrup
チョコレートシロップ

自然な味わいを楽しめるチョコレートシロップ。
冷蔵で保存しておけば半月ほど、
いつでもチョコレート味のチャイが楽しめます。

〔材料〕できあがり約300g
純正ココアパウダー — 40g
グラニュー糖 — 150g
熱湯 — 120ml
ラム酒 — 大さじ1

〔作り方〕

1 耐熱ボウルにココアパウダーとグラニュー糖を入れてよく混ぜ、熱湯を少しずつ加えながら混ぜる。
2 ラップをして600wの電子レンジで1分半加熱し、よく混ぜる。
3 さらに1分加熱してよく混ぜ、冷めたらラム酒を加える。

チャイのおとも3
Strawberry paste
いちごペースト

フレッシュないちごは、
ペースト状にしてチャイに入れてみて！
1〜2日で風味が落ちるので、使う時に作るのがベスト。

〔材料〕できあがり約120g
いちご — 100g
砂糖 — 大さじ4

〔作り方〕

ボウルにへたを取ったいちごと砂糖を入れ、スプーンで潰してペースト状にする。

★砂糖は素精糖がおすすめ。分量はいちごの甘さで調節して

Chapter 2
チャイレシピと旅ノート
ネパール編

Nepal

China

ムクティナート P.42
ダンプス P.38
ポカラ P.28, 30, 32
ヘランブ P.40
タンセン P.26
カトマンズ P.34, 36
エベレスト

India

ジャナクプル P.46
ビラトナガル P.44

Did's masala chiya

もてなしのスパイス

　ネパールに暮らしてまず驚いたのが、普段のチャイにほぼスパイスを使わないことだった。マサラ（ヒンディー語でスパイスミックス）を入れたチャイは、おもてなしをする時に作ることが多く、実は特別で贅沢なものなのだ。
　マサラチャイによく使うスパイスは、カルダモン、シナモン、ジンジャー、クローブ、ナツメグ、ブラックペッパーなどなど。その材料や配合は千差万別で、作る人や飲む人の体調、その日の気分によっても変わる。

　ネパールの南西に位置する小さな街、タンセン。その街のゲストハウスのディディ（お姉さん）が作るマサラチャイには、スパイス以外にも庭にワサワサ茂っている「テジパット」と呼ばれるシナモンの葉が惜しみなく加えられていた。まだ青いその葉っぱをちぎって揉んで放り込む――。それが最高のもてなしだ、と彼女は豪快に笑う。
　テジパットの甘くてほのかにスパイシーな香りは、どこか懐かしく、限りなく優しく、旅の疲れをそっと癒してくれた。

Masala Chai
マサラチャイ

8種のスパイスをミックスした、
ミミロータスオリジナルのマサラチャイです。

〔材料〕2杯分

〚プレーンチャイ〛の材料すべて(p.20)

A｜シナモン ― 1g
　｜カルダモン ― 3〜4粒
　｜ブラックペッパー ― 小さじ1/2

シナモンリーフ(テジパット)
　　― 1枚(なければシナモンをもうひとつまみ加える)
生姜のしぼり汁 ― 小さじ1・1/2
マサラパウダー(p.18) ― ふたつまみ

〔作り方〕

1　手鍋に水と茶葉、細かく潰したA、ちぎったシナモンリーフを入れ、〚プレーンチャイの作り方1〜4〛(p.21)で煮出す。
2　カップに砂糖と生姜汁を半量ずつ入れ、1を注いで混ぜる。
3　マサラパウダーを半量ずつふる。

初々しさの香り

　私が暮らしていたポカラは、大体の野菜や果物は、近くの八百屋で手に入る。けれどオレンジだけは、バスに乗って15分ほどの町の、大きな市場まで買いに行かなくてはならない。そこにはインドから輸入されるさまざまなものが売られているからだ。

　ネパールに着いたばかり、初めてローカルバスに乗って町に出る。書いてある言葉も読めなければ、周りの話し声もBGMにしか聞こえない。オレンジひとつ買うのにも大冒険している感じが新鮮で、何度も何度もこのバスに乗って、生活に慣れる練習をした。

　バスに慣れた頃、隣に座ったおじいちゃんがおもむろにフェンネルシードを一掴みほど持たせてくれて、うちに帰って早速このフェンネルシードとオレンジでチャイを作ったっけ。

　オレンジの皮とひとつまみのフェンネル。あの時のさわやかな香りは、今でも忘れることのできない、初々しく鮮やかな旅の記憶。

in Pokhara

Fennel & Orange Chai
フェンネル・オレンジチャイ

ほんのり甘くさわやかなフェンネルの香りが口の中に広がります。

〔材料〕2杯分

〖プレーンチャイ〗の材料すべて(p.20)

A│フェンネルシード ― 小さじ1＋ふたつまみ(飾り用)
 │カルダモン ― 2～3粒

オレンジの皮 ― 2cm角2枚

〔作り方〕

1 オレンジの皮をよく洗う。塩水に5分ほど浸けておくとよい。
2 Aはすべて細かく潰し、飾り用はとっておく。
3 手鍋に水と茶葉、2を入れて〖プレーンチャイの作り方〗(p.21)で煮出し、カップに注ぐ。
4 飾り用フェンネルシードを半量ずつふり、オレンジの皮を香りが出るように1枚ずつ折り曲げながら浮かべる。

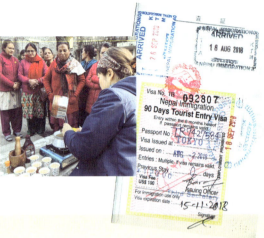

コミュニケーションのお守り

　私が「ナマステ（こんにちは）」の次におぼえたネパール語は、「ティムル」。ネパール山椒のことである。その軽やかな響きとは裏腹に、味と香りはキュッとシャープで個性的。柑橘系のさわやかな痺れ感が鼻腔を刺激する、ネパール独自の山椒だ。

　初めてティムルの香りをかいだ時、チョコレートに合うと直感した。早速、チョコレートとティムルのチャイを作り、たくさんの人にふるまった。

　ネパールでは料理に使うことが主流で、チャイに入れる人はまずいない。そこにチョコレートを合わせるなんて、「君はクレイジーか？」と笑われた。

　けれどティムルとチョコレートのチャイを口にした人たちは、その新しい味に夢中になった。ティムルの清々しさがチョコレートの甘さを上品に格上げするのだ。この地にしかないスパイスで作り出したアレンジチャイは、街の人とコミュニケーションを取る上でとても大切な旅のお守りとなった。

Timmur & Chocolate Chai

ティムル・チョコレートチャイ

さわやかでシャープな痺れが心地よいティムル。
ネパール人も絶賛のチョコレートとの
組み合わせです。ティムルが手に入ったらぜひ！

〔材料〕2杯分

〚プレーンチャイ〛の砂糖以外の材料(p.20)

チョコレートシロップ(p.24)
　　― 大さじ2・1/2〜3

ティムル ― 小さじ2/3＋ひとつまみ(飾り用)

〔作り方〕

1　ティムルはすべて細かく潰し、飾り用はとっておく。
2　手鍋に水と茶葉、1を入れ、〚プレーンチャイの作り方1〜4〛(p.21)で煮出す。
3　カップにチョコレートシロップを半量ずつ入れ、2を注いでよく溶かす。
4　飾り用ティムルを半量ずつふる。

旅の中のささやかな日常

　ポカラの街からは、乾季の晴れている日であればとても鮮明にヒマラヤ山脈の一部、アンナプルナ山群が見える。午後になると雲が増えるから、午前中、しかも早朝の空気が澄んでいる一瞬がベストタイム。その時間を狙って熱々のチャイを準備し、アパートの屋上から山々を眺める。

　しばらくすると、聞き慣れたドーナツ売りのお兄さんの声。私はいつも、1つ10ルピー（当時10円くらい）のシンプルなドーナツを2つ買う。噛むとジュワッと油が滲み出て、ザラッとした砂糖の食感にほんのりシナモンが効いている。

　素朴で懐かしい、昔から知っているような味。それに合うのは、さっぱりとしていてキリッと気持ちも引き締まるような、塩と砂糖を効かせたチャイ。ネパールの塩は、少しだけ独特の硫黄のような香りがするのだけれど、それがほどよいアクセントになる。旅の中の日常にあった、ささやかなチャイの時間だ。

Himalayan Salt Chai
ヒマラヤン・ソルトチャイ

甘味と塩味のバランスがポイントです。
少し甘めに作り、
キリッと塩で引き締めるイメージで。

〔材料〕2杯分
〚プレーンチャイ〛の材料すべて(p.20)
ヒマラヤ産ピンクソルト(なければ岩塩など、できるだけ
塩味がマイルドなもの) ― ふたつまみ
ピンクペッパー(好みで) ― 2〜4粒

〔作り方〕
1 〚プレーンチャイの作り方1〜4〛(p.21)で煮出す。
2 カップに砂糖と塩を半量ずつ入れ、1を注いで
　混ぜる。
3 好みでピンクペッパーを半量ずつのせる。
★砂糖はきび砂糖がおすすめ

Cafe CHIKUSA

ちくさ茶房

　ネパールの首都カトマンズのタメル地区にある、老舗のカフェ「ちくさ茶房」。ここを作ったオーナーは日本人で、店の雰囲気も西荻窪あたりにありそうな、レトロな喫茶店風。でもお客さんは、ほとんどがローカルのネパリたち。ここのチャイには、サフランがパラリと浮いていて、なんだかテンション上がるのだ。

　サフランはネパールでもとても高価なスパイスで、後にも先にもサフランを浮かべたチャイを目にすることは、このお店以外にはなかった。

　華やかで甘美な香り。老舗らしく堂々とした、この店の佇まいに合っている。

　そしてもうひとつ、「ちくさ」で好きだったのはバナナのパンケーキ。このサフランチャイと、甘くジューシーなバナナパンケーキを、カトマンズに着いたら一番に食べに行く。これが楽しみで、ポカラからカトマンズへの8時間のバスの旅も、それほど苦じゃなかった。カトマンズの街の喧騒を、しばし忘れられる貴重な場所。

KATHMANDU

Saffron Chai
サフランチャイ

ほんのり甘く、芳しい香り。
サフランひとふりで、高貴なひと時を。

〔材料〕2杯分
〔プレーンチャイ〕の材料すべて(p.20)
サフラン — 12〜15本
カルダモン — 5〜6粒

〔作り方〕
1 カルダモンは細かく潰し、飾り用に殻を2粒分とっておく。
2 手鍋に水と茶葉、1を入れて〔プレーンチャイの作り方〕(p.21)で煮出し、カップに注ぐ。
3 飾り用カルダモンを1粒ずつとサフランを半量ずつのせる。

Chapter 2 チャイレシピと旅ノート ネパール編

原点の場所

　七味唐辛子は、日本のマサラ。初めてカトマンズのチャイ屋さんでチャイを作らせてもらった時、この日本独自のスパイスミックス、七味唐辛子を使った。現地のマサラと日本のマサラを合わせたアレンジチャイを、本場の人たちは心から面白がってくれた。カトマンズに行くたびに、そのチャイ屋さんには必ず寄る。もう家族みたいだ。

　お店はお世辞にもきれいとは言えないし、屋根なんかなくてブルーシートを被せただけ。扉もない。いわゆる、通年青空営業。それでもお店はとても繁盛していて、ひっきりなしにお客さんがやってくる。どこの馬の骨かもわからない外国人（私）を受け入れてくれたように、誰に対しても公平な場所。

　私がチャイを作る時に最もお手本にしたい原点を、あの店はずっと昔からやっている。いつも心の片隅に置いている、最高のチャイ屋さんだ。

　今日もそこにはきっと、ブルーシートの隙間から、太陽の陽射しがさんさんと届いてるのだろう。

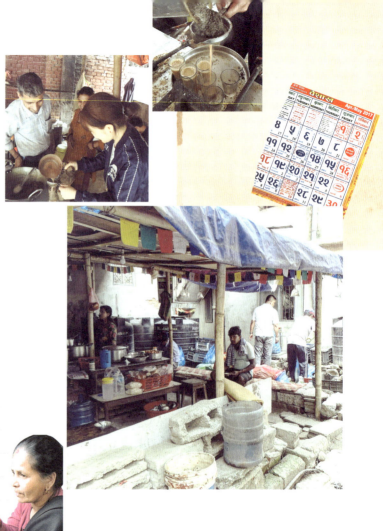

Shichimi Togarashi Chai
七味唐辛子チャイ

ごまをかくし味に入れることで、
香ばしさとまろやかさが生まれます。
味が締まるので甘めがおすすめ。

〔材料〕2杯分
〘プレーンチャイ〙の材料すべて(p.20)

白すりごま ― 小さじ1

A│マサラパウダー(p.18) ― 小さじ1/3
　│七味唐辛子 ― ふたつまみ

〔作り方〕
1　手鍋に水と茶葉、白すりごまを入れて〘プレーンチャイの作り方〙(p.21)で煮出し、カップに注ぐ。
2　Aを合わせて半量ずつふる。
★マサラパウダーと七味唐辛子は7:3の割合で

Chapter 2　チャイジジと旅ノート ネパール編

"ゆっくり"を知る

　日帰りで手軽なトレッキングが楽しめる村、ダンプスへ。より近く見えるヒマラヤと、ほどよく身体を動かした心地よさにすっかり気分をよくした私は、途中にある山小屋でネパールラム酒を入れたチャイをオーダー。

　お酒はべらぼうに弱くて、普段はまったく飲まないから、ひと口目から、甘くてほんわり夢心地。寒さでガチガチに冷えていた身体もじんわり温まる……。

　そんな心地よさから気づいた時は、2時間後。どうやら寝落ちしてしまったらしい。辺りはすでに暗くなっていて、帰りのバスはとっくにない。結局その日はそのままそこに留まった。

　日本で今までの生活を続けていたら、決して味わえなかった時間の流れ。時間内にタスクをこなすことが、ある意味生活美だと信じて疑わなかった自分がこの時気づいたこと。

　"急ぐ"ことは誰かに教えてもらえても、"ゆっくり"は自分で知るしかない。優しい酔いから醒めた頭で、ぼんやりとそんなことを考えていた。

Bistaar Bistaar…

Nepalese Rum & Cinnamon Chai
ネパールラム酒・シナモンチャイ

カップのふちにラム酒を指で塗る。
そのひと手間で、カップを口に近づけた時、
ふんわりとラム酒が香ります。

〔材料〕2杯分

〖プレーンチャイ〗の材料すべて(p.20)

ラム酒(ネパール産ククリラム、なければゴールドラム)
　── 小さじ1・1/2

シナモン ── 3〜4g

〔作り方〕

1　手鍋に水と茶葉、細かく潰したシナモンを入れ、
〖プレーンチャイの作り方1〜4〗(p.21)で煮出す。

2　カップに砂糖とラム酒を半量ずつ入れ、1を注いで混ぜる。

★仕上げにシナモンパウダー少量をふっても

強くて優しい、村のお茶

　チベット系の人が多く暮らすヘランブ村。灯りがほとんどない村の夜、チベットの人たちが常飲しているバター茶をふるまってもらった。彼らは、寒さと乾燥から身体を守るために、ギー（バター）や塩を団茶（だんちゃ）と呼ばれる発酵させた茶葉と煮詰め、暖をとる。それはおいしいものというよりも、生活の中から生まれた日常の飲みものだ。

　"降るような"という表現が安っぽいほどの、おびただしい星たちが村の夜空を埋め尽くす。もちろん私は、ネパールのことをすべて知っているわけではない。ただ、彼らの生きる術をチラリと見せてもらうだけで、自分の持っている物差しがすべてじゃないと思い知らされるのだ。

「貧しいけれど心は豊か」なんて言葉にどれだけの意味があるのか。彼らの作るバター茶は生きるための強さと優しさと、確実に、私には到底持ち得ない何かを持っていた。

Butter Chai
バターチャイ

プーアール茶のブレンドでまろやかで独特な香りに。
冷える身体に、濃厚なバターが沁みます。

〔材料〕2杯分

〖プレーンチャイ〗の茶葉以外の材料(p.20)

A｜ プーアール茶の茶葉 ― 5g
　｜ 紅茶の茶葉 ― 2g

無塩バター ― 1cm角(約2g)にカットしたもの2個

塩 ― ふたつまみ

〔作り方〕

1　〖プレーンチャイの作り方1〜4〗(p.21)で茶葉を
　　Aのブレンドに変えて煮出す。

2　カップに砂糖と塩をひとつまみずつ入れ、1を注
　　いで混ぜる。

3　バターを1個ずつ落とし、溶かしながら飲む。

Chapter 2　チャイレシピと旅ノート ネパール編

41

おかんのミルクティー

　ヒンドゥー教とチベット仏教の聖地、ムクティナート。ここへは、ポカラからローカルバスで約14時間、道なき道を行く。途中バスが来ないからヒッチハイクまでして、悪路ようやく辿り着いた。標高3800mのこの聖地で私はどうしても、チヤパサル（チャイ屋）をしてみたかったのだ。

　盲点だったのは高地で牛が少ないため、チャイにもパウダーミルクが使われること。日本では、粉ミルクといえば脱脂粉乳が主流だが、牛乳代わりに使われているため全粉乳でしっかりコクがある。

　初めて粉ミルクで作るチャイ。お湯で溶かすミルクの濃度すらもわからない……。それでも前日、ゲストハウスのディディに見せてもらったチャイの作り方を真似して何とか作り、巡礼者たちにも大好評だった。

　ミルキーで甘い、なんだか懐かしいこの味。そうだ、私が子どもの頃、おかんがよく作ってくれた大好きなクリープのミルクティー。不覚にも、遠く離れた荒野原で故郷を思い出してしまった。

Pokhara→Marpha
→Jomsom
→Muktinath

Powdered Milk Chai
パウダーミルクチャイ

どこか懐かしい、ミルキーで甘い香りと味わい。
富士山よりも高い場所に暮らす人々が
毎日のように飲むチャイです。

〔材料〕2杯分

〖プレーンチャイ〗の牛乳以外の材料(p.20)

パウダーミルク(全粉乳) ─ 大さじ4(32g)

湯 ─ 250ml

〔作り方〕

1 パウダーミルクは湯で溶いておく。
2 〖プレーンチャイの作り方〗(p.21)で牛乳を1に変えて煮出し、カップに注ぐ。

エクダム ミトチャ

　インド国境に近い、ネパールの東端にある街ビラトナガル。この街では、インドから届く手に入りやすいチョコレートとオレンジを使ってチャイをふるまった。

　そこで出会った青年ラジュンは、とてもまっすぐな目でこう言った。
「こうして旅をしてチャイを作って、ずっと出会いの喜びを忘れないことは正しいよ。君のチャイはエクダムミトチャ（最高においしい）だ」

　"エクダムミトチャ"は私にとって、最強のほめ言葉とコミュニケーション。彼からもらえた言葉はシンプルに、とてもうれしかった。何のためにチャイを作って、その先の何を見て旅をしているんだろう、自分の選択は正しいのだろうか——。
「また会う日まで」
旅先でこの言葉を重ねる毎に疑問は大きくなっていたけれど、誰も知らないこの街で今日もチャイを作ることができて良かった。何も知らないこの地の、風とにおいと湿度を忘れないようにしよう。ただそれだけを思った。

Chocolate Orange Chai
チョコレート・オレンジチャイ

甘く香ばしいチョコレートと
さわやかなオレンジが香る、心躍るチャイ。

〔材料〕**2杯分**

〖プレーンチャイ〗の砂糖以外の材料(p.20)

チョコレートシロップ(p.24) ― 大さじ2・1/2〜3

オレンジの皮 ― 2cm角2枚

〔作り方〕

1 オレンジの皮をよく洗う。塩水に5分ほど浸けておくとよい。

2 〖プレーンチャイの作り方 **1〜4**〗(p.21)で煮出す。

3 カップにチョコレートシロップを半量ずつ入れ、**2**を注いでよく溶かす。

4 オレンジの皮を香りが出るように1枚ずつ折り曲げながら浮かべる。

背中を押した隠し味

Janakpur

　ネパールでは、どこへ行くにもローカルのバスで移動していた。バスの旅はなかなかハードで、気持ちも身体もヘトヘトになる。旅の終盤に訪れた南部の街ジャナクプル。ここのバスパークのチャイ屋のディディ(おばさん)は、隠し味にインスタントコーヒーを加えるそうだ。どこの街でも必ずバスパークの隣には小さなチャイ屋がある。
「私、日本で紅茶屋をしていて、今ネパール中をまわりながらネパールの皆さんにチャイをふるまう旅をしています」と言ったら、「私はここで30年チャイ屋をやってるけど、あんたみたいな旅行者は初めてよ。私のチャイは特別にネスカフェ(インスタントコーヒー)を少しだけ加えるの。こうすると香ばしくなっておいしくなるのよ。これからもお互い元気にチャイを作り続けましょ」と、そのチャイをご馳走してくれた。
　めちゃくちゃ沁みた、ディディのチャイ。ほろ苦くも甘さをバチッとキメた味わいは、次の地へ向かう勇気をくれた。

Coffee Chai
コーヒーチャイ

インスタントコーヒーはとっておきの隠し味。
クローブがコーヒーのうまみを引き立てます。

〔材料〕2杯分
〖プレーンチャイ〗の材料すべて(p.20)
インスタントコーヒー ― 小さじ3
クローブ ― 4〜5粒
クローブパウダー ― 少々

〔作り方〕
1 手鍋に水と茶葉、クローブをホールのまま入れ、〖プレーンチャイの作り方1〜4〗(p.21)で煮出す。
2 カップに砂糖とインスタントコーヒーを半量ずつ入れ、1を注いで混ぜる。
3 クローブパウダーを半量ずつふる。

column 旅のスケッチ1

ダルバート
DalBhat

豆スープ（ダル）とご飯（バート）に漬物や炒めもの、
カレーなどを合わせた、ネパールの定食。
それぞれの地域や家庭、食堂などで食材やスパイス、
品数が異なるのでいろいろな味が楽しめる。

ネパールときどき
インドの旅日記

2017年、中学生の時以来
久しぶりに訪れたネパール、
チャイをふるまう旅に出た 2018～19年、
そして 2024 年の南インドの旅。
旅をしながら綴った日記をまとめました。

ネパール

Nepal

人口：約 3054 万人（2022年）
言語：公用語はネパール語、100 以上の民族言語
通貨：ネパール・ルピー（Rs.）
宗教：ヒンドゥー教徒 81％、仏教徒 9％、イスラム教徒 4％ 他
日本との時差：マイナス 3 時間 15 分

インド共和国

Republic of India

人口：14 億 1717 万人（2022年）
言語：公用語はヒンディー語、他 21 の公認言語、推定 400 以上の民族言語
通貨：インド・ルピー（Rs.）
宗教：ヒンドゥー教徒 79％、イスラム教徒 14％、キリスト教徒 2％ 他
日本との時差：マイナス 3 時間 30 分

2017年4月 ネパール

Schedule

9日	成田⇒デリー India	13日	ポカラ⇒カトマンズ nepal
10日	デリー⇒カトマンズ nepal	14日	カトマンズ nepal
11日	カトマンズ⇒ポカラ nepal	15日	カトマンズ⇒デリー India
12日	ポカラ nepal	16日	デリー⇒成田

4月9日　旅のはじまり

新調したまっさらなパスポート。ここからまた、旅が始まる。
多分、世界はまだまだ広くて深いはずだから、これからもいろんなところにお邪魔しよう。
行きたいところがありすぎる。見たいものが多すぎる。ずっと旅をしていたい。

4月10日　カトマンズにて

市場はどこでも、においと色の洪水。買い手と売り手の掛け合いで、エネルギーがあふれている。薄暗い路地奥の小さな寺院からは、どこからともなくろうそくの灯りと線香の香り。子どもたちはその片隅で、コーラの泡みたいにはじけている。穏やかだけど穏やかじゃない、アジアの一角。
私は街を歩くのに地図は持たない、というか持てない。立っている位置と方向が全然分からない、生粋の方向音痴。地図を見ると余計に迷子になるので、いつも赴くままに。いいにおいのする方に。なんだかそれで、今までもいい出会いがたくさんあったように思う。こんな時、旅っていいなと思うのだ。

4月11日　ネパールのおやつタイム

ネパール人は基本的に1日2食、朝ごはんが10時前後、晩ごはんは20時頃で、その間にしっかりとしたカジャ（おやつ）タイムをとる。日本ではおやつというとお茶とお菓子という感じだけれど、ネパールのカジャは食事（軽食）に近い。モモ（ネパール餃子）やチョウメン（焼きそば）、チウラ（干し米）、スクティ（干し肉の炒めもの）、アチャール（漬物）などなど。もちろん甘いセルロティ（ドーナツ）、アナラサ（揚げクッキー）、ラルモン（シロップ漬ミルク団子）も人気。街にもカジャ屋（軽食屋）があふれている。
朝と夜の食事の合間、小腹が減ったらカジャを食べる。"いつでもどこでもご自由に"のスタイルが、いかにもネパールらしい。

4月12日　ポカラにて

カトマンズから西へ200km、乗り合いバスに揺られること8時間。標高800m、亜熱帯のここからは8000m級のヒマラヤ山脈をすぐ近くに仰ぎ見られる、世界でも例を見ない高度差のある街。
もともとポカラは、北のチベットと南のインドを結ぶ交易路にあるバザール（市場）だった。地元の人々は、カトマンズよりさらに穏やかでのんびり。旅行者がここで沈没するというのもうなずける。私も、いつまでもここに沈んでいたい……。

4月13日　チヤの文化

相変わらずチャイだけは、都市も種族も貧富の区別もなく皆に同じように飲まれている。もちろん住む場所や飼っている家畜によってミルクが水牛だったりヤギだったり、牛の場合もあるけれど。ネパール語でチャイは「チヤ」。

家でも道でもお店でも、ちょっと親しくなると、「チヤ飲む？」が挨拶がわりに交わされる。その1杯がどれだけネパリのコミュニケーションツールになっているかと思うと、SNSには代え難い繋がりだと実感する。この文化はずっとずっと、なくならないでほしい。そして日本で暮らす私たちにとっても、チャイやティータイムが大切なコミュニケーションツールであってほしいと願うのだ。

4月14日　チャイをふるまう

今回の旅で一番したかったこと。「ネパールのチャイ屋でチャイを作り、ネパリにふるまう」。叶ってしまった！まさか自分がカトマンズの片隅にあるチャイ屋でチャイを作っているなんて。目を付けたのはカトマンズの一角、おじさまのチャイ屋台。何度も出向いて……交渉成立！

本当に本当にうれしくて楽しい、素敵な時間。国や文化を超えて、今こうしてこの場所で目の前にいる人たちにチャイをふるまえることは、奇跡だ。自分のしたいこと、好きなこと、大切にしたいもの。ここでまた、分かった気がする。

そしてチャイ屋のおじさん、私の手鍋をとても気に入ったそうだから、お礼に置いてきた。私が使い続けたあの手鍋が、ネパールのあのチャイ屋でこれから先何十年も使われていくなんて、本当にうれしい。

4月15日　You! Happy? 幸せか？

不意に問いかけられた。サドゥー（Sadhu）に。サドゥーは、ネパールやインドを放浪するヒンドゥー教の苦行者で、家も家族も持たず、手荷物1つで修業しながら聖地を目指す。ヒマラヤは、ヒンドゥー教徒にとって聖地。それぞれの頂には神々が住み、そのすべてを束ねるのが破壊と恩恵の神"シヴァ"であると彼らは考える。

シヴァ神は、長く美しいドレッドヘアと青い喉を持つ。サドゥーは、シヴァと同じように長くもつれた髪を持ち、身体や顔に灰を塗っている。私から見たら限りなく異様な人たち。サドゥーはヨーガの達人でもあるから、生きるシヴァとも呼ばれるそうだ。

「I'm happy, オレらはいつもシヴァと一緒に旅をしているからいつだってハッピーよ！」的なことを（多分）ネパール語で言いながらほほえんだ。「I'm happy, too!」私も思わず返事した。

2018年8月〜2019年6月 ネパール・インド

Schedule

8月	14日	成田→デリー ❶
	17日	デリー→カトマンズ ❷
	18日	カトマンズ→ポカラ ❸
9月	22日	チェンナイ ❹
	25日	ポンディチェリー ❺
	26日	チェンナイ ❹
	30日	カトマンズ ❷
10月	6日	アルマラ ❸（ポカラ北部）
	31日	カトマンズ ❷
11月	6日	ヘランブ ❻
	8日	カトマンズ ❷
12月	12日	バクタプル ❼
	25日	ルンビニ ❽
	26日	スノウリ ❾／バイラワ ❿
	28日	タンセン ⓫
2019年		
1月	5日	チャパコット ⓬
	7日	バンディプル ⓭
2月	5日	バンガロール ⓮
	7日	カトマンズ ❷
	12日	カトマンズ ❷
3月	18日	ダンプス ⓯
	28日	一時帰国
4月	6日	カトマンズ ❷
	10日	ナラヤンガート ⓰
	12日	ソウラハ ⓱
	13日	ビールガンジ ⓲
	16日	ジャナクプル ⓳
	18日	ビラトナガル ⓴
	23日	ダラン ㉑
	28日	イラム ㉒
5月	6日	チェンマイ *Thailand*
	11日	マルファ ㉓
	16日	ムクティナート ㉔
	21日	タンセン ⓫
	24日	カトマンズ ❷
6月	6日	ポカラ→カトマンズ
	8日	カトマンズ→デリー
	9日	デリー→成田

10ヵ月間、ネパールのポカラでアパートの1室を借りて拠点に。以下はポカラから足を伸ばした場所。

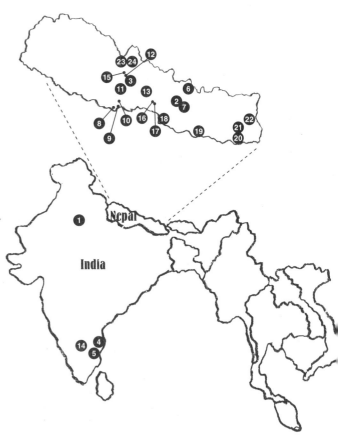

2018 年 8 月 14 日　ネパールへ

ネパールへ出発します。どんな日々になるんだろう。とにかくすべては 0 からだけれど、ここからは足していくだけ。どんな経験も、感情も。できるかできないかより、するかしないかしかないから。
それじゃ、しばらくいってきまーす！
Hello Nepal, bye-bye Japan.

8 月 18 日　ポカラに到着

ポカラに着いた。ネパールだ。
成田からインド・デリーまで飛行機で約 9 時間。
デリー→カトマンズ　約 1 時間半。
カトマンズ→ポカラ　約 30 分（あくまでもこれは飛行機の時間。バスだと 8 時間以上！）。
チャイの手鍋はもちろん、食材やら画材やら看板やら着替えやら。10 カ月分のものをスーツケース 2 つとボストンバッグにぎゅうぎゅうに詰め込んだら、なんとなんと、70kg 超えの大荷物。超過料金を出しても持ち込めないものもあった……（涙）。

8 月 20 日　初めての散策

今日はうちの周りを散策。とりあえずどこに何があって、何をどこで買うか。適当に歩いたのだけれど、昨日教えてもらった場所に全然辿り着けない。赴くままに歩いてみる。途中雨が降ってきたので、何でも屋さんでチャイ休憩。先にいたおじいちゃんにネパール語を教えてもらう。お店のお母さんにはチャイの作り方を見せてもらい、レモンと玉ねぎを買う。のんびりした町。"赴くまま" が許される町。少しずつ知っていくのが楽しい。

8 月 23 日　ナチュケットを焼く

ぜひともここで作りたかったものの 1 つ、ナチュケット（ビスケット）。ポカラでは「いきなり停電」が頻繁にあるため、電気オーブンを使うのはある意味賭け！ そんな合間を狙って焼いてみる。
全粒粉は日本から持ち込み、薄力粉（？）は現地のものを。この粉がどうやらチャパティ用のものらしく、粒子がまったく違う。ザラッとしていて、油を加えてまとめてもレシピ通りではまとまらないので 3 割近く油を足す。
レーズンは、ネパールのラム酒「ククリラム」とハチミツに漬けて。豆乳はないので、現地のミルクで。素精糖と菜種油は日本から持ってきたけれど、ゆくゆくは現地のもので代用しよう。塩は持ってくればよかったな。
20 分くらい経つと、焼きあがる懐かしいあの香り。なんだかすごく幸せな気持ちになった。

8 月 24 日　町に出る

ポカラの中心地・チプレドゥンガへ。私の住んでいる場所はレイクサイドというツーリストエリアで、チプレドゥンガまではローカルバスで 15 分ほど。
このバスの乗り方が難しい。車掌的な（車掌ではない、あくまでも車掌的な）若者が、行き先を叫んでいるのだけれど、それを聞き分けて行きたい場所行きのバスに乗り込む。Rs.20（20 ルピー）を払って乗車。
お目当ては、バドバティニスーパーで、出張チャイ屋用のカセットコンロを買うことと、その先にある市場で、この辺りにはない野菜を買うこと。バドバティニはかなり大きくて、いわゆるネパールの

イメージとはほど遠い。ここにくれば、何でも揃う。
お目当てのカセットコンロを発見！ここで喜び勇んでそのまま買ってはいけません。新品でも必ず、ガスがつくか、ツマミが壊れていないかをその場でチェック。これはアジアで買い物をする時のテッパンね。
ん？ あら、結構高い……、コンロが Rs.3065 でガスボンベ3つで Rs.600、合計で約4000円！ 日本で買ったものより高い。そう、ネパールはお隣のインドや中国、タイからの輸入品がほとんどで、自国生産できないものはとても高いのだ。
しかしうれしいな。ずっとほしかったカセットコンロ、町まで出て手に入れられた。大切に、リュックに背負って帰ってきた。これで、どこでもチャイが作れる。
それにしても、この町にはオート（トゥクトゥク）がないから、路線バスを使うしかない。結構ハードルが高いけれど、上手く使いこなせれば行動範囲は広がりそうだ。方向音痴を克服する機会かも。

8月26日　モモ作り
近所のカジャ（軽食）屋さんでモモの作り方を教えてもらう。モモはカジャのなかでも代表的な食べもので、クミン、コリアンダー、ティムル（ネパール山椒）などのスパイスの効いたネパールの水餃子。
このモモ、包み方が難しくて、コツを掴むまではなかなか上手くいかない。何度教えてもらっても上達しない……。かなり根気よく教えてもらったのだけれど、しまいには「今日と明日は祭りで忙しいから、また明後日出直して」と言われてしまった。

8月29日　10日目にしてダルバート
自炊が楽しすぎてなかなか食べる機会がなかったけれど、今日は近所のダルバート（定食）屋さんへ。地元の人にも評判で、次から次へとお客さん。メニューは、チキンかマトンのカレーを選ぶダルバートのみ。これで Rs.350。ネパール米を囲んで、山椒とギー（バター）の効いたダル（豆スープ）をかけて、瓜のタルカリ（スパイス炒め）、ゼンマイや苦瓜のアチャール（漬物）、ダヒ（ヨーグルト）、チキンのカレーが盛られている。パパド（薄いせんべい）をパリパリ割って、ぜーんぶ混ぜて食べる。
油もスパイスも控えめ、しかし塩分は高め。控えめに見えてちゃっかり自己主張する——ネパール人の気質そのものを表しているような感じがした。

8月30日　雨の洗礼
雨が降り出して10分後には道路が冠水し、足元がびしょびしょ。人々は、「仕方ないなー」なんて顔をしながら、ものともせず雨の中を歩く。道路の牛たちは微動だにしない。
雨季のポカラもあと1カ月。気持ちのいい季節までもう少しのしんぼう。……とりあえず、ビーサンを買おう。

9月1日　スコーンを焼く

ベリーのスコーンを焼きました。ここでの移動手段はすべて徒歩。おいしいパン屋さんやスーパーは、歩いて30分以上かかるところにしかない。食べたいものは自分で作るこの生活、大いに充実している。バターはインドのAmul社のちょっといいやつ、粉はネパールのMAIDAを使う。中力粉に近いので食感は少し違うけれど、合格、合格。ルンルン気分で焼いていたら、途中でまさかの停電に……。しかし停電していたにしては、膨らんだ！　みんなにチャイと一緒に食べてもらおう。

9月6日　大家さんちでダルバート

大家さんが晩ごはんに招いてくれた。ネパールにいると、すぐに人と繋がり、親切を受ける。この日は大家さんのうちでパーティーのようで、次から次へといろんな人がやってくる。親戚、親戚の親戚、近所の人、友だち……。紹介されてもみんな同じ顔に見えて、誰が誰だかまったく分からない。
ごはんはもちろんダルバート。家庭のダルバートはとてもおいしいと聞いたことはあったけれど、本当に忘れられないくらいのおいしさ。作り方も見せてもらう。普段はあまりお肉を食べないようだけれど、この日はすごかった。どんどんおかわりを盛られる。きっとこれが、客人に対しての最高のおもてなしなのだろう。
その後はおきまりのダンシングタイム。ネパール人はほんとに大音量で踊るのが大好き。今まで何度か目撃したこともあったし、30年前、仕事を終えたシェルパたちが毎晩テントの前で強いロキシー（酒）を呑みながら踊っていたのを思い出す。
もちろん踊りましたよ、わたくしも。踊りすぎて目が回りました。

9月7日　洗濯日和

ナマステ。おはようございます。
日本とネパールの時差は、マイナス3時間15分。まだ8時前です。ここポカラは今、雨季の時期。毎日雨の様子を気にしながら外出したり、用事を済ませたり。すぐに天気が変わるので、まったく油断ならない。今までも、目的地に到着できず時が過ぎるのをじっと待つしかなかったこともしばしば。
でもこの国では、予定は未定。こんなことばかりなので、ネパリはほとんど予定を立てません。その方がバランスが取れる。
今朝は珍しくとても良く晴れているから、ここぞとばかりお洗濯。洗濯機はないので、すべて手洗い。来月になれば雨季も終わり、洗濯干し場の屋上からヒマラヤが見えるのが楽しみだ。

9月14日　ダルバートを習う

今までも各国を旅する時には、現地の料理教室や家庭で、お料理を教えてもらってきた。私の場合、その国を知るにはまず「食」。現地の言葉や習慣は、食から入るとざっくりでも理解しやすい気がする。今回教わったのは、「SORA Guest House」のオーナー、クリシュナさん、よしえさん夫妻。

ネパリは「カナ・カヌ・バヨ？（ごはん食べた？）」と挨拶を交わす。それくらい、彼らにとってごはんは1日の中で多くの時間を占めるのだ。そして、食べるのは一瞬だけれど、朝と晩のダルバート作りにかける時間はとても長い。今回も2時間以上かかった。

メニューは、ダル（豆）スープ、じゃが芋とゴーヤのタルカリ（スパイス炒め）、大根のアチャール（漬物）、トマトのアチャール（漬物）。民族や地域、家庭によって内容や作り方が違うから、ますますいろいろ知りたくなる。

9月15日　大家さんのご実家

今日はネパール版父の日だから、実家で一緒にごはんを食べてダンシングしましょうって。またダンシングか……！（笑）車で20分くらいの町、プルバリへ。しかし途中で大スコールや工事に出くわし、うちを出てから30分で着くところが2時間は経っていた。

すぐにふるまわれたダルバート。これぞ家庭の味！

野菜のみのタルカリとダルスープ。そこにたっぷりのカード（ヨーグルト）をザバザバかける。さらに、ギー（バター）をこれもまたザバッとかけてくださるものだから、お皿の上はめっちゃ浸水状態になった。しかしこれまた、不思議といくらでも食べられちゃいまして、ダルもごはんもタルカリも2回もおかわりしていた。

9月22日　南インドへ

南インドはチェンナイに来ています。ネパールとインドはお隣だけど、まったくもって違う。特に南インドは別世界。ココナッツが茂り、丸っこいタミル語とジャスミンの香り。インドではチャイ屋さんはチャイワリー、もしくはチャイワラーという。

隣り合わせの国なのでビューンと行けると思ったら、まずポカラからカトマンズに出るのにバスで8時間、そこからインドの首都デリーを経由し、チェンナイまでは合計約15時間。日本からチェンナイの直行便は10時間なので、日本から行く方がよっぽど近いという事実……。

9月25日　ポンディチェリーへ

チェンナイから約170kmほど離れたポンディチェリーへ。車で4時間ほどのこの町は、インドでは珍しい旧フランス領。明らかに、「いわゆるインド」の風景ではない気がする。

フランスの香り80％、インドの雑多さ20％。アジアの中でヨーロッパの雰囲気を残す場所が好きだから、ずっと来たかった。壁の色、日差しの強さ、ブーゲンビリアのピンク、穏やかな人々……。

インドってほんとにいろんな表情がある。こんなに飽きさせない国も珍しい。訪れる場所や、どこから来たかで印象がまったく変わるし、来るたびに好きになる。

9月26日　南インドのチャイ

南インドのチャイは、北インドやネパールの作り方と少し違う。茶葉とミルクを煮込むところまでは同じだけれど、グラスに注いだら、もう1つのカップに移し替える。上下に3〜4回、空気を含ませるように、さらに移し替える。この手さばきが実に美しい。こうすることによって適度に温度が下がり、泡がたくさん含まれるので口あたりがまろやかになる。

10月6日　アルマラ村へ

ポカラはある程度のものが揃う町だけれど、ここから少し行くだけで"村"という別世界になる。ネパール本来の姿は、そんな村にあるように思う。アルマラ村はポカラから車で2時間弱。グルン族の古い村で、80ほどの世帯が生活している。過疎化が進むこの村は、交通の便がとても悪い。車をチャーターすればRs.1万、バスは朝夕1本ずつのみ、歩けば山道を片道3〜4時間。
今日はSORA Guest Houseが主導する、アルマラ村に公衆トイレを設置するプロジェクトの完成式に同行し、そこでチャイを作らせてもらった。村の空気には、普段感じることのない柔らかくて溶けそうな心地よさがあった。だから、大きなお鍋で50人分以上のチャイを作っている時も、なぜか良い意味で眠たくて仕方なかった。

10月10日　隣のおうち

チャイのお礼にと、隣の家のアマ（お母さん）が招いてくれた。もうめちゃくちゃ好みの空間。こういう普通の家の何気ない壁や床から、空間やインテリアのヒントをもらえる。

10月16日　ネパールのB級グルメ

ネパールのカジャ（おやつ）タイムに欠かせないスナック「チャットパテ」に初トライ。茹でた豆とじゃが芋、生の玉ねぎときゅうりを細かく刻み、注文が入ったらインスタント麺を入れて、バケツの中でわしゃわしゃ混ぜる。麺はそのまま砕くのみ！付属の化学調味料もしっかり混ぜ込み、マサラ

とビネガーらしきものを加える。極めつけは、できあがったチャットパテをインスタント麺の袋に戻し、段ボールで作ったおさじを付けてくれるっていう。恐る恐るそのおさじを口に運ぶと……。
ベリー ベリー ミトチャ（とてもおいしい）！ちょっと辛くて酸っぱくて、なぜかマサラと付属の調味料が良きハーモニーを織りなすという不思議。しかもインスタント麺と野菜たちの食感も意外なことにそれに合う。

10月31日　アチャールを習う

アチャールは野菜の付け合わせみたいな感じで、発酵させたもの、即席で和えたもの、ペースト状のもの、漬物など多種多様。今日はカトマンズの中心、タメル地区にあるレストラン「Mustang Thakali Chulo」のミランさんに、ゴルベラ（トマト）、マチャゴルベラ（トマトと干し魚）、ムラ（大根）、バダム（ピーナツ）の4種を教えていただいた。どれも本当においしい。山を3つくらい越えてポカラから来た甲斐があった。

57

11月8日　美しい夜

今夜はネパール最大のお祭り、光の祭典ともいわれる「ティハール」の3日目、「ラクシュミプジャの夜」。富と幸運の女神・ラクシュミを迎えるため、地面には美しい絵が描かれ、灯明で街は彩られる。とても幻想的で、季節はいつの間にか冬になっていた。

11月21日　停電

ポカラでは、ほぼ毎日のように停電がある。最近は頻発で、しかも長い。ふたたび電気が戻ってくるまでの間で、ろうそくや発電機で光を灯す。その小さくて頼りない灯りの中で、人々はそれぞれの時間をやり過ごす。
「あら、停電。じゃ、今やってることやめちまえ〜」と、誰もイライラしない。予定通りにことが運ばなくなって、イライラ、パニックになっているのは私だけ。
辺りを見渡してみれば、ぼんやりとした灯りの中だからこそ見える世界があることに気づく。煌々とした光の中ではよく見えるけれど、すべて分かり合えるわけじゃない。はっきり見えないからこそ、ちょうどいい距離感もある。
いろいろなものを"所有"するから重くなる。なければないなりに、コトは進む。そんなことを考えていた。

12月2日　アーユルヴェーダ

インドやスリランカで知られるアーユルヴェーダは、ここネパールでも根付いているようだ。ダルバートにはふんだんにスパイスが使われているし、薬草や鉱物から作られる薬も、町を歩くとたくさん売っている。

ルームシェアしているチカさんのご主人はアーユルヴェーダのドクターで、最近は私も朝から3〜4種の薬草をジュースやお茶にしてとるようになった。
ネパールにはとてもジャンクなものも多いけれど、見たこともないような健康食品もある。このギャップが何とも萌えるのだ！ バランスを取りながら楽しむのがいいと思う。

12月9日　Amazing Himalaya!

こんな世界もあるんだな。ヒマラヤ山脈のふもとの小さなこの国は、想像すらできない大きな世界を見せてくれる。
カトマンズ空港から1時間ほどの空の旅で見られた、忘れられない風景。

12月12日　バクタプルにて

はるか昔から、チベットとインドの交易路として繁栄したネワール文化の古都。赤茶色のレンガ造りの町並み。入り組んだ路地に、人々は今もなお生きている。
何となく、中世の世界を歩いている気分になる。これが、ネパール・マジックというやつだろうか。

12月15日　フェワ湖

ナマステ。今日は格別に山が美しい。ポカラ自慢の観光地、フェワ湖に映るヒマラヤ。この時期は、ポカラから離れられなくなる。

12月18日　ネパールのコーヒー屋

ポカラで知り合った、日本人のカズさんのコーヒー店「Life is Beautiful」。ポカラの中心部から車で30分ほど離れた、日本山妙法寺（ワールドピースパゴダ）の近くにある。ワールドピースパゴダは、標高1113mの丘の上にあり、ポカラから半日で行けるハイキングコース。山の上まで登ると、ポカラの町とフェワ湖、天気が良ければヒマラヤが見える、絶好の展望。観光地なのでタクシーで行くこともできるけれど、私はカズさんのコーヒーをご褒美に、1時間ほどかけていつもこの山を登る。そのくらい、カズさんのコーヒーはおいしい。

店先では、村で採れるコーヒーチェリー（実）を干したり、たいやきを焼いたり（！）。訪れる人の気持ちをワクワクさせるお店。ここから見える景色も、お店の雰囲気にぴったり合っている。私もまたこんな場所を作りたい、と思わせてくれる大切な場所。

12月20日　ナマステ日本語学校

ポカラの市街地、チプレドゥンガにある日本語学校でチャイをふるまう。今回は30人分！ 日本語を熱心に勉強する生徒さんのカジャタイムを狙う。あろうことか鍋を1つ忘れてしまい、やかんでチャイを作る始末（笑）。

ナマステ日本語学校は生徒が60人ほどで、毎日朝7時から15時まで、交代でクラスが開かれるそうだ。チャイを渡す時、一人ひとりが「こんにちは。いただきます」とおじぎをしながら受け取ってくれたのはうれしかったな。私が拙いネパール語で挨拶をしたら、皆さん温かい日本語で返してくれた。

12月24日　ホームステイ

ここ数日は、ネパリ夫婦ジョムナさんとハリさんのうちにホームステイして、ネパール料理を教えてもらっている。

家庭のダルバートは本当においしい。まず、サグ（青菜）とアル（じゃが芋）を庭から採ってくるところから始まる。大根のアチャールもカットではなくすりおろしたり、ネパールでは珍しい豚肉のタルカリ（おかず）を作ったり。主食のディドやチャパティまで教えてもらった。

ゆっくりゆっくり時間をかけて、できあがったのは2時間後。ワンプレートに3〜4品が盛られるダルバートを作るのには、とても時間がかかるのです。食べるのは一瞬だけれど、作る時間の楽しさもおいしさも格別だから、ネパリ カナ（ネパールの食事）作りはとても好きだ。

12月25日　ルンビニへ

クリスマスに、お釈迦様の生まれた地に来た。ポカラからバスで8時間。ルンビニは、ブッダ成道の地ブッダガヤ、初めて説法したサールナート、入滅の地クシーナガル（いずれもインド）と並び、ブッダの生涯にちなむ4大聖地の1つ。

何となく遠くに行きたくて、とりあえずルンビニまでのバスチケットを買ったのが、たまたま今日だった。この辺りはもちろん、クリスマスのクの字もない。大きないちごがのったクリスマスケーキが恋しい。

12月26日　三度のメシより国境が好き

人にはそれぞれの"フェチ性"というものがあると思うけれど、私の場合、国境がその1つ。この線を越えたらまったく違う世界が広がるなんて、ワクワクする。ルンビニから国境の町スノウリ、バイラワまで、ローカルバスを乗り継いで行くと、この辺りはもうインド。昼間は暑いし、山は見えない。道もかなり舗装されている。サリーを着ている女性も多いし、チベット系の顔が見当たらない。

ワクワクしながらネパール側のイミグレーション（出国審査）で出国スタンプを押してもらおうとしたら、「キミ、ダメ〜！シングルビザだとインドに行ったらこのビザ失効しちゃうよ！」みたいなことを言われ、インドには入国できず、途方に暮れたのでした。そうか、この間延長した時、シングルビザだったから……。

往生際悪く、ネパールとインドの境界辺りをウロウロしていたら、ここでも「アナタ、インドダメダメ〜」と。早々にバイラワに戻って、チャパティとサブジ（野菜炒め）を食べることにした。

12月28日　タンセンへ

平原部から移動して、今日は山の町タンセンへ。バイラワからブトワルまではバスで1時間ほど開けた都会の道（といってもインドだと田舎道）を走り、そこでローカルバスに乗り換えて3時間ほど。ブトワルを出た瞬間、くねくねの山道になる。

タンセンは標高1350mで、市街地が山あいの急斜面に広がるこじんまりとした町。バスから降りた瞬間、ここが好きだー！と思ってしまった。何より空気がおいしくて、ポカラより暖かい。町並みも好み。昔ながらの石畳の坂道に並ぶ、ネワールの家屋と急斜面。もう少しゆっくりしたいな、この町で。沈没してしまいそう……。

2019年1月5日　チャパコット村へ

JICAのはるなちゃんの活動の1つ、村でチャイ屋を広めるプロジェクトにご一緒させていただいた。山の上の小さな村には、飲食店がない。だからまず、村のディディ（お姉さんやおばさん）にオーダーの取り方、お客さまに品物を渡す時の声のかけ方や食器の置き方など、飲食店の基本を伝えるのだ。

しぼりたての水牛のミルクで作るチャイ。スパイス入りは全員が初めてで、特にチョコレートそのものを初めて知ったという人も。みんなでお茶を囲むこの文化と時間の流れ。一瞬でも、お互いの心にずっと残る時間を持てるのはとても素敵なことだと思う。

1月7日　バンディブルへ

ローカルバスでポカラからカトマンズ方面へ約2時間。ドゥムレで乗り換えてさらに山道を30分ほど、とガイドブックには書いてあるけれど、途中、謎の停電とパンクで移動時間は4時間を超えた。バンディプルは小さなネワール族の町で、かつてはインドとチベットの交易路の1つとして栄えた古い宿場町。町自体が素朴で可愛らしい。こういう場所はずっとこのまま残ってほしいなと思う。

2月12日　偶然の再会

ネパールに来るきっかけになった、カトマンズのあのチャイ屋さんがなくなったと聞いたのは昨日。あまりにも突然で、失意のままポカラからカトマンズに着いた。しかしなんと、チャイ屋のおじさんと偶然道でばったり。「あっちの路地の奥でチャイ淹れてあげるからおいで」と。相変わらずの青空営業だけれど、変わらない夫婦とお客さんの姿に、心からうれしくなった。

3月2日　チベタンクリニック

カトマンズのスワヤンブナートの西側、チベット人が移住している地区にある Kunde Tibetan Herbal Clinic。ネパールではチベット医学などの伝統医学が生活に取り入れられている。脈診のみで漢方薬を処方するってすごい。私が処方されたのは、①胃の粘膜を強くする薬、②ホルモンバランスを整える薬、③気の巡りを良くする薬。

4月12日　ソウラハ村へ

ここソウラハ村は、世界遺産にも登録されているチトワン国立公園の北側にあるツーリストビレッジ。観光地だけれど、穏やかなタライ平原の時間が流れている。なんだか根っこが生えてきそう。乗るつもりのなかった象さんの背中に乗ってゆらゆらジャングルを散歩していたら、いろんなことがどうでもよくなってしまった（笑）。

4月16日　ヒンドゥー教の聖地、ジャナクプル

タライ平原をずっとずっと東へ走ってここまできた。ヒマラヤは遠い彼方、髪の毛がチリチリするくらい、暑い。ここはもはや、私の知っているネパールではない。
町には沐浴をする池が点在し、サドゥーたちがチョウタラの樹の下で憩っている。この辺りの人たちはみな、暑い時にはあえて熱いもの、辛いもの、しょっぱいもの、甘いもので汗を流す。彼らにとってそれは、生きていくうえで当然の流儀なのだ。

4月28日　ネパールの茶園、イラム

インドともスリランカとも、今まで見た他のどの国のものとも違う、イラム紅茶の産地。味と香りと色は、ほとんどお隣のダージリンと同じ。むしろ渋味が少し抜けた感じで飲みやすい。
やっぱりここでは皆、ミルク入りよりもストレートを飲む。ちょうど今の時期はファーストフラッシュ。その香りは甘くてシャープで、シャンパンのようなフルーティーさも加わる。

5月3日　東ネパールのバス旅

イラムからポカラまで、帰りは寄り道しないはずだった。途中ムグリンの町でバスを1回乗り換えれば、ポカラまで17時間。しかし深夜バス。あろうことかムグリンで寝過ごし、そのまま反対方面のカトマンズまで行ってしまった……。「Welcome to Kathmandu♡」の看板が車窓から見えた時ほど、自分を呪ったことはない（笑）。結局25時間そのままバスに揺られ、東ネパールの旅が終わった。

5月11日　マルファ村へ

荒涼とした地の中に広がる白塗りの石の家、石畳と薪の屋根。ロバが歩き、りんご畑が続く——。チベットが近いことを感じさせるマルファの村は、ポカラからジョムソン行きのバスに乗り、12時間。ラフロード（未舗装）の道なき道を、川の中でもバスは進む。
車窓から見えるダウラギリ山群、そしてカリ・ガンダキ川……。マルファに近づくにつれ、思い出した。30年前にトレッキングをした場所だ。この川の水で、シェルパは私にチャイを作ってくれたのだ。懐かしい記憶と、その場所を思い出せたことがうれしくて、村に着く頃には、悪路ワースト1を更新したこともすっかり忘れていた。

61

2024年2月〜3月 南インド

Schedule

2月11日　成田⇨クアラルンプール	19〜22日　カルナータカ州
(malaysia)⇨チェンナイ	23〜30日　チェンナイ
12日〜3月4日　タミル・ナードゥ州	31日　チェンナイ⇨
5日〜16日　ケララ州	クアラルンプール (malaysia)
17日〜18日　タミル・ナードゥ州	⇨成田

2月11日　南インドへ

旅のパーツを組み立て始めたのは1年前。信州にお店を構えてから、ぼんやりと次の旅のことを考えることが、お店をご機嫌に続けるための原動力になっていた。

南インド。特にチェンナイにはキラキラする思い出と、胸がぎゅっとなる苦い思い出がある。苦い味の方が強かったから、次はチェンナイをスタート地点に設定。南インドの海沿いから山の中を巡りながらチャイを作っていこうと思う。

2月16日　ポンディチェリーで

チェンナイから南へ160km、ベンガル湾を望む海岸沿いにあるポンディチェリーは、フランス植民地時代の面影が残るインドとヨーロッパが混じり合ったとても瀟洒な街。インドなのに100%インドっぽくない、オシャンで穏やかな感じにもとても惹かれていた。

やっぱり知らない人とチャイを囲む時間は良い。ほんとにただそれだけなのだけど、言葉とか国境とかそういうものを越えるものが、この一杯にあると信じてる。

2月20日　ティルチィへ

ポンディからさらに200kmほど南下。ティルチィ／ティルチラパッリへ。この地は初めて。タミル・ナードゥ州中部の中心都市でかなり大きくて、クラクションがひときわ騒々しい街。近くに大きな寺院シュリランガムや、イギリス統治時代に建てられたキリスト教会も混在する、典型的な南インドの地方都市っていう印象。

街をブラブラしていたら、可愛いシンギングボウル(叩いたりこすると音が出るチベット仏教の法具の1つ)を売っているギフトショップを発見。ここは値切るより、定価で買って仲良くなって、お店の前でチャイ屋をさせてもらおうと目論む。結局、ヒンドゥーの神さまの額縁やマグネットまで買うことになったのだけど、気に入ったから、良い(笑)。

夕方になって人通りが多くなってからチャイをふるまい始めると、ワイワイ人が集まってくる。今日は砂糖を入れるのを手伝ってくれたアンナー(お兄さん)がいた。風で看板が倒れると誰かが直してくれるし、牛乳がなくなれば走ってくれる人もいる。これは私のご褒美修行でもあるからお金をFreeにしているのだけど、お金払うよって言ってくれたアッカー(おばさま)がいたのもうれしかった。ここでの最高のほめ言葉は「ルスィヤナ(おいしい)」。

2月28日　ラーメーシュワラムを目指す

マドゥライから4時間ほど、ここラーメーシュワラムはヒンドゥー教徒の巡礼地で、アラビア海、ベンガル湾と2つの海がぶつかる島でもある。22km先は、スリランカ。晴れている日は目視もできる。師匠(磯淵猛)がこよなく愛した特別な国、スリランカ。ここに来てまた、師匠の言ってくれた言葉を思い出す。

「好きなものにはまっすぐに。
相手より先に笑いかけろ。
今だけを見て感じて、生きろ」
あまりにもあっけなくこの世を去り、目の前から突然いなくなってしまったわけだけど、師匠の残してくれた言葉たちは、ネパールでの旅の最中も信州のお店をつくる時もそしてインドにいる今も、優しく寄り添ってくれている。
ラーメーシュワラムはこじんまりした島。強い日差しに晒されて褪せた家々の壁の色と、海の碧さのコントラストが美しい。

3月4日　インドの最南端
インドの下のとんがり部分の一番先っちょ、カンニャークマリ。ずいぶん遠くまで来てしまった！
アラビア海、ベンガル湾、インド洋と、3つの海がここでひとつに重なる、ヒンドゥー教徒の巡礼地。いわゆる観光地でもあり、インドの人たちにとってとても神聖な場所。

3月14日　アイスアップル
山に向かう途中で、アイスアップル（パルミラパーム）というフルーツに出会う。バジルシードとグリーンチリ、アイスアップルのジュース。不思議な味だけれどまたすぐ飲みたくなる、印象的な飲みもの。ブラウンココナッツシュガーとジンジャーのお菓子と共に。

3月17日　標高2300mのウーティへ
ムンナールから一旦平地へ移動、酷暑のコインバトールを経由して、ウーティへ。ここは避暑地として人気がある場所で、朝晩はセーターが必要なほど涼しい。 実は20年前の2004年に一度訪れたことがある。鎌倉のお店をオープンする準備期間、どうしてもインドの茶園を見ておきたくて、有名なダージリンでもアッサムでもなく、ニルギリ茶園のあるウーティを訪れた。 街をブラブラしていたら、可愛いクルタ（インドの伝統衣装）屋さんを発見。そこでクルタを1枚試着したら物欲爆発、結局3枚買うことになったのだけど、そこのお店の隣を借りてチャイをふるまえることになった。
しかも今は使っていない、屋台の台みたいなのも貸してくれるという。今まで地べたスタイルだったから、台の上で作れるのは、ほんとのお店みたいで箔が付いてうれしい（笑）。
私にとって「旅」はインプットの時間で、ミミロータスはアウトプットの時間。場所が違うだけで同じことをしている。「仕事」としてやってきたことが、いつしか「志事」になっていた。

3月19日　インドの言語
インドでは州ごとに言葉が違う。タミル語、カンナダ語、マラヤーラム語……チャイをふるまう時には、現地の言葉の看板を出しています。

63

3月23日　チェンナイへ

バンガロールからチェンナイへ戻ります。さすが特急、車内サービスがとても良かった。
最初はカレーとチャパティとヨーグルト、その後サンドウィッチ、お菓子、スナックが次々と。そしてシメのアイスクリームまで！約6時間の鉄道の旅を堪能しました。

3月25日　チェンナイにて

やっぱりチェンナイは広い。都会すぎる。チャイを淹れさせてもらえそうな場所、どこかないかな。暑さとシリンダーガスの重さが体力を奪う。
道端のココナッツウォーターで水分を補給する。交通量の多い場所ではたぶん無理だろうからと、路地に入る。と、何やら仏教のお寺らしきものが。「Mahabodhi society（マハボディソサエティ）」。インドの仏教寺院だけれど、インドとスリランカの友好施設としても機能しているらしい。
ここ南インドにはいろんな神さまがいらした。ヒンドゥーの数々の神さまのゴプラムやイスラムのモスク、クリスチャンも多く教会もたくさん目にした。そして仏教寺院。
インドの人たちの、呼吸の如くあまりにも自然に祈る姿を目の当たりにしてきて私も、いつも何かに守られているのを感じていた。だからここがいい、ここでさせていただきたいと思い、さっそく交渉。
ここでは施設内の大きなコンロとチャイタンクをお借りして、最多の100名近くにふるまった。
たかがチャイ、されどチャイ。自分が感じる楽しいってことに、私は時間もお金も、自分の心も身体も使いたい。「楽しい／愉しい」を感じられなくなったら私にとってそれは無意味だ。行くところまで行ってやってみないと分からない面白さがあるから、それを知りたい。ただの好奇心の塊だけど、私はそれを自分の目で見つけたいと思っている。

3月31日　帰国しました

2ヵ月あまりの南インドでのチャイ旅を、無事に終えることができた。移動距離は約1600km、青森市から福岡市までの本州を縦断した距離くらいだからまあまあがんばった。
旅をするたび、もっともっと想像力がほしくなる。そしてそこから生まれる創造力は、私が一番ほしいもの。5年前、ネパールから帰国した時感じたことと唯一変わっていない想い。
想像力は知識より大切だと思う。けれど、知識がないと想像力は湧かない。ネットで調べればいくらでも情報は入るし、それがひとつの知識にもなる。だけど、自分の言葉にできる「知識」は、自分が経験して感じたことだと思う。
そのために私は旅をしている。今回の旅もたった2ヵ月ほどだったけれど、南インドの強い日差しはやっぱり容赦なくて、シミもシワもそばかすも、また増えた（深刻度★★★☆☆）。日々地道につくってきたお金だってすべての経験に消えた（深刻度★★★★☆）。けれどその経験は、私の血となり肉となっている。
積み上げては壊す作業を繰り返し、また積み上げる――。どんなに時間が経っても、経験を重ねても、この想いは変わらない気がする。

Chapter 2
チャイレシピと旅ノート
インド編

今日はとってもHappyだ

　タミルナドゥ州の中南部に位置するマドゥライ。コーヒーを飲む文化が浸透している南インドだけど、マドゥライでは他の街よりもチャイを好む人が多い気がする。

　ここで素敵なチャイ屋さんに出会った。「うちは代々チャイ屋だから、生まれた時からここでチャイを作っている。他の世界を知らないし、そう稼ぎがいいわけじゃないけれど、今日はこうして毎日チャイを作ることを誇りに思ったよ。自分の知らない国で、チャイを作っている君を知ったから。この仕事を始めて50年、今日はとってもHappyだ」。

　頑固そうな眼差しで、深い皺の刻まれた手から差し出されたジンジャー入りのチャイは、到底その時の自分には出せないような深みがあった。私もこれからも自分のチャイを作り続けよう、そう思えた瞬間だった。ジンジャーにオレンジを加えたオリジナルチャイを彼に飲んでもらえたことは、今の私の原動力になっている。

madurai

Ginger & Orange Chai
ジンジャー・オレンジチャイ

ピリッと辛みの効いた生姜がアクセントに。
身体がぽかぽか温まります。

〔材料〕2杯分
〚プレーンチャイ〛の材料すべて(p.20)
生姜のしぼり汁 ― 小さじ3
オレンジの皮 ― 2cm角2枚

〔作り方〕
1 オレンジの皮をよく洗う。塩水に5分ほど浸けておくとよい。
2 〚プレーンチャイの作り方1〜4〛(p.21)で煮出す。
3 カップに砂糖と生姜汁を半量ずつ入れ、2を注いで混ぜる。
4 オレンジの皮を香りが出るように1枚ずつ折り曲げながら浮かべる。

I am Japanese…

THIS IS INDIA

　その街はアラビア海に面した古くからの港町、コーチン（コチ）。インド西南部の都市である。歴史あるこの街でのチャイ屋出店は、少し苦い思い出となった。

　その日私は、ネパールで買ったクルタスルワール（ネパール女性の普段着）を着て額にビンディ（額の装飾）、頭にはショールをかぶっていた。しかしなぜか、全然人が集まらない。遠巻きに興味深そうに眺める人、苦笑いしながら見ている人。なんだろう……と思いつつチャイを作り続ける。その時近寄ってきたひとりの青年がこう言った。「君、日本人だよね？ もっと外国人らしい格好しないとここでは誰も集まらないよ」

　どうやら私は、インドでも豊かではない北東地域から出稼ぎに来たインド人と見なされていたらしい。どんなにジャパニーズだと説明しても、着ているものや顔つきで豊かなのかそうでないかを判断する。それならばと、持参していたほうじ茶でチャイを作り、ようやく日本人であることを証明できた。THIS is INDIA. これがインドだ。

Hojicha Chai
ほうじ茶チャイ

香ばしい香りに思わずリラックス。
紅茶の茶葉にほうじ茶をブレンドします。

〔材料〕2杯分

〘プレーンチャイ〙の茶葉以外の材料(p.20)

A 紅茶の茶葉 — 4g
　 ほうじ茶の茶葉 — 2〜3g

〔作り方〕

1 〘プレーンチャイの作り方〙(p.21)で茶葉をAのブ
　 レンドに変えて煮出し、カップに注ぐ。

旅の小休止

　南インドのケララ州に入ると、どこを見渡してもココナッツの木が揺れている。街中も、甘いココナッツとジャスミンの華やかな香り、ブラックペッパーやカルダモンのスパイシーな香りが合わさって、なんだか忙しい。

　南インドでチャイを淹れながら旅を始めて1ヵ月、毎日が刺激的だけれど同時に疲労も蓄積されている。そんな時は思い切って一旦チャイを作ることから離れ、アラップーザの街からバックウォーターに点在する村まで、ボートに揺られることにする。

Kerala

　そこから見えるのは、どこまでも広がる水鏡みたいな水郷地帯。緩やかな水の気配と時折遠くの寺院から聞こえる祈りの歌、かすかなお香の香り。五感を使って全身で受け止めるっていつ以来だろう。こんな旅の時間がたまらなく好きだ。

　村のおじさんが作ってくれた、ココナッツをまぶしたバナナのフライ。ブラックペッパーも効いている。そのひと口は、湿気をたっぷり含んだこの景色をさらに強く、印象深いものにした。

70

Black pepper & Coconut Chai
ブラックペッパー・ココナッツチャイ

南国を思わせる甘い香りのココナッツに
ブラックペッパーを合わせると、深みのある味わいに。

〔材料〕2杯分

〘プレーンチャイ〙の材料すべて(p.20)

ココナッツフレーク ― 小さじ3+ふたつまみ(飾り用)

ブラックペッパー(粗挽き) ― ふたつまみ

〔作り方〕

1　ココナッツフレークをすべてフライパンできつね色になるまで空炒りし(焦げやすいので注意)、飾り用はとっておく。

2　〘プレーンチャイの作り方1〜4〙(p.21)で煮出す。

3　カップに砂糖と1を半量ずつ入れ、2を注いで混ぜる。

4　飾り用ココナッツフレークとブラックペッパーを半量ずつふる。

Chapter 2　チャイレシピと旅ノート インド編

景色のパズルを重ねる

　ケララ州に位置する街、ムンナール。港町コーチン（コチ）から125kmほど山間部に入った避暑地で、海側をずっと旅してきた私には、鮮烈な緑のにおいと景色がとても新鮮に映った。

　標高は1600mほど。ひんやりとした空気と適度な湿度がとても気持ちよい。南インドの強い日差しに晒されて少々疲れ気味だった身も心も、十分に癒された。

　ここはインドを代表する紅茶（あの名の知れたニルギリ地区）とスパイス、そしてチョコレートの産地で、チャイ屋が星の数ほどある。お茶請けには、サモサやワダ（豆ドーナツみたいなもの）の他に、チョコレートと採れたてのカルダモンをつまむのだ。これはこの地でしか見られないレアな光景！

　空気の泡をたくさん含ませぬるめのチャイと甘ったるいチョコレートを、グリニッシュな香り強いカルダモンが引き締める。チャイの組み合わせのヒントは、こんな景色から生まれる。

Cardamom & Chocolate Chai
カルダモン・チョコレートチャイ

新緑のように若々しいカルダモンが、
口の中に広がるチョコレートを
キュッと引き締めます。

〔材料〕2杯分
〔プレーンチャイ〕の砂糖以外の材料(p.20)
カルダモン ― 5〜6粒
チョコレートシロップ(p.24) ― 大さじ3

〔作り方〕
1 カルダモンは細かく潰し、飾り用に殻を2粒分とっておく。
2 手鍋に水と茶葉、1を入れ、〔プレーンチャイの作り方1〜4〕(p.21)で煮出す。
3 カップにチョコレートシロップを半量ずつ入れ、2を注いでよく溶かす。
4 飾り用カルダモンを1粒ずつのせる。

バンガロールのラドゥ

　深い緑と穏やかな水辺の地ケララ州から、夜行バスでカルナータカ州の州都バンガロール（ベンガルール）に入る。排気ガスと罵声とクラクションに迎えられた朝方、緩いまどろみの中で次の地へ着いたと知る。新しい場所は希望と緊張とが入り混じるけど、その土地への興味には、いつだって希望の方が先に立つ。

　洗練された都会、バンガロールでは珍しいラドゥに出会った。ラドゥとは、インドの最もポピュラーなミタイ（スイーツ）。ひよこ豆粉やセモリナ粉と砂糖、ギー（濃縮されたバター）を合わせて炒り、ナッツやスパイスを加えて丸める。それをチャイと共に流し込む。

　バスターミナル横の小さなミタイ屋のラドゥには、珍しくキャラウェイシードが使われていた。素朴なひよこ豆の風味に、噛むとキャラウェイシードがさわやかに弾ける。この香ばしさと清々しさ、チャイのレシピのヒントにしよう。お茶請けからもチャイそのもののアレンジが生まれて、なんだかとてもうれしくなった。

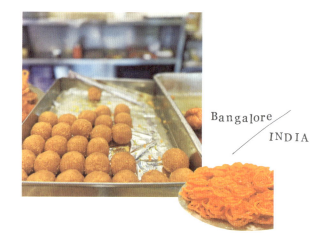

Bangalore / INDIA

Caraway & Soybean flour Chai
キャラウェイ・きな粉チャイ

素朴で香ばしいきな粉に、
ほろ苦くすっきりとしたキャラウェイシードが
弾けます。

〔材料〕2杯分

〖プレーンチャイ〗の材料すべて(p.20)

キャラウェイシード
　　— 小さじ1＋ふたつまみ（飾り用）

きな粉 — 小さじ1・1/2

〔作り方〕

1　キャラウェイシードはすべてすり潰し、飾り用はとっておく。

2　手鍋に水と茶葉、**1**を入れ、〖プレーンチャイの作り方1～4〗(p.21)で煮出す。

3　カップに砂糖ときな粉を半量ずつ入れ、**2**を注いで混ぜる。

4　飾り用キャラウェイシードを半量ずつ散らす。

OLD DELHI
चाँदनी चौक

ピンク色のサリー

　最もインドらしい場所は？ と聞かれて真っ先に浮かぶのは、首都ニューデリーの北に位置する古い街並み、オールドデリー。その中でもチャンドニーチョークという大通りは喧騒、埃、活気、カオス……これらがすべて詰まった繁華街だ。

　人を平気で騙すし、臭いし暑いし汚いし。負の面を数えればいくらでも浮かぶけど、なぜかその中にもちゃんと秩序はあって、大人も子どもも欲求に正直で、そして優しい。この飴と鞭みたいなギャップがいかにもインドらしいのだけど、そんな力強いエネルギーに気づいたら、もう夢中になっている。

　この日も恒例の路地裏散策。すると突然、ほの暗い路地の儚い灯りの隙間から、鮮やかなピンク色のサリーをまとった褐色の肌の女性が横切った。その姿がとても美しくて、ターメリックとローズのチャイの輪郭が浮かび上がった。彼女が残したわずかなサンダルウッド（白檀）の上品でウッディな香りは、カルダモンで奥行きを持たせようと決めた。

76

Turmeric & Rose Chai
ターメリック・ローズチャイ

ターメリックの黄色とばらの花びらのピンク色が、
サリーを思わせる華やかな仕上がりに。

〔材料〕2杯分

〖プレーンチャイ〗の材料すべて(p.20)

ターメリック(パウダー) ― 小さじ1〜1・1/2

ローズペタル(ばらの花びら) ― ふたつまみ

カルダモン ― 6〜7粒

〔作り方〕

1 カルダモンを細かく潰し、飾り用に殻を2粒分とっておく。

2 手鍋に水と茶葉、1を入れ、〖プレーンチャイの作り方1〜4〗(p.21)で煮出す。

3 カップに砂糖とターメリックを半量ずつ入れ、2を注いで混ぜる。

4 ローズペタルを半量ずつと飾り用カルダモンを1粒ずつのせる。

Chapter 2 チャイレシピと旅ノート インド編

無知から生まれたお気に入り

ずっと前に訪れたロンドンのインド料理屋さんで頼んだチャイには、ローリエが使われていた。ローリエは、スープなどの煮込み料理に使うものだと思っていたからとても驚いたのだけど、ローリエだと思っていたその葉は「シナモンリーフ（インディアンベイリーフ）」だったと後から知った。

名前の通り、シナモンの木の葉っぱ。ローリエと見た目がよく似ていて、サイズは少し大きく、インドでもネパールでもカレーやチャイによく使う。生だとさらに香りが良い。インドでその存在を知るまでは、ローリエで何度も何度もチャイを作っていた。どうしてもあの甘く香ばしい香りにならないと感じながら……。

けれどそこにセージを合わせるとシャープさが加わって、それはそれでくせになる味で、新しいおいしさ。むしろシナモンリーフで作るより、清々しくて個性的になる。思い込みと無知なおかげで生まれた、今ではお気に入りのレシピだ。

Bay leaf & Sage Chai
ローリエ・セージチャイ

ローリエ香るチャイにさわやかで
シャープなセージを加えると、
くせになるおいしさに。

〔材料〕2杯分
〚プレーンチャイ〛の材料すべて(p.20)
A│ローリエ ― 2枚
　│セージ（ドライ）― 小さじ1

〔作り方〕
1　手鍋に水と茶葉、ちぎったAを入れて〚プレーン
　　チャイの作り方〛(p.21)で煮出し、カップに注ぐ。
★シャープな味を楽しみたい時は、砂糖なしがおすすめ

素敵な不透明さ

　パリに行くと呟いてみても、いまいちその像が浮かばなかった。けれど、今まで訪れてきた旧フランス領のアジアの国々、南インドのポンディチェリー、西ベンガルのシャンデルナゴル、ベトナム、ラオス、カンボジア……そこでは確かに、かすかに、フランスの気配を感じていた。アジアとヨーロッパが微妙に混じった透明度のない感じ、それが好きだ。だから私は、パリに憧れていた。

　結局パリにはアジアだけじゃなく、アラブもアフリカもアメリカも全部あった。あの石の街の中で、いろんな国から来たいろんな人たちが、溶け合うように暮らしていた。その不透明さが、とても素敵だった。

　今日はそんなパリのある日を思い出しながら、ほろ苦いキャラウェイと、艶やかな甘い香りのアニスのチャイを、カフェオレボウルでたっぷりと。次はパリで、このチャイを作りたい。

Paris

Caraway & Anise Chai
キャラウェイ・アニスチャイ

キャラウェイシードとアニスで、
ピリッとさわやか。ほのかな甘さも感じます。

〔材料〕2杯分

〚プレーンチャイ〛の材料すべて(p.20)

A｜キャラウェイシード — 小さじ1/2
　｜アニスシード — 小さじ1/2弱

B｜飾り用キャラウェイシード — ふたつまみ
　｜飾り用アニスシード — ふたつまみ

〔作り方〕

1　手鍋に水と茶葉、すり潰した**A**を入れて〚プレーンチャイの作り方〛(p.21)で煮出し、カップに注ぐ。
2　**B**を半量ずつ散らす。

★飾り用スパイスは、キャラウェイシードがやや多めの方が味のバランスが取れるのでおすすめ

column 旅のスケッチ2

ボダナート
Boudhanath

カトマンズの東にあるチベット仏教の聖地。
ネパール最大の仏塔「ストゥーパ」は高さ36m、台座の直径100m、
中心にはブッダの骨が納められているといわれている。

ナヤナさんの記憶

　スリランカ・コロンボのナヤナさんちの朝ごはんはいつも、薄いトーストをカリカリに焼く。それからママレードジャムとチョコレートスプレッドをたっぷり塗り、その上にローストしたクミンシードをパラリと落とす。そしてそれを、キリテーと一緒に食べる。

　キリテーとは、パウダーミルクで作るスリランカ独特のミルクティー。生乳で作るチャイよりも少し軽い。香ばしさとさわやかさが合わさったトーストをライトなミルクティーで流し込む、その感覚がとても好きだった。

　ママレードとチョコとクミンだなんてずいぶんオシャンな組み合わせだと思ったが、どうやらナヤナさんはしばらくの間イギリスで生活していたらしい。この食べ方は、イギリス生活で獲得したそうだ。慣れない海外での暮らしに親しみあるクミンがお守りのようだった、と彼は呟いた。

　そんな誰かの記憶のかけらをチャイにしてみる。衝撃を受けたこの味と香りの重ね方が、私がスリランカで得た淡い記憶だ。

〔材料〕2杯分
〘プレーンチャイ〙の砂糖以外の材料(p.20)
クミンシード ― 小さじ1＋ふたつまみ(飾り用)
チョコレートシロップ(p.24) ― 大さじ3
オレンジの皮 ― 2cm角2枚

〔作り方〕
1 クミンシードはすべて、フライパンで空炒りし、軽く色付いたら細かく潰す。飾り用はとっておく。
2 オレンジは皮をよく洗う。塩水に5分ほど浸けておくとよい。
3 手鍋に水と茶葉、1を加え、〘プレーンチャイの作り方1～4〙(p.21)で煮出す。
4 カップにチョコレートシロップを半量ずつ入れ、3を注いでよく溶かす。
5 飾り用クミンシードを半量ずつふり、オレンジの皮を香りが出るように1枚ずつ折り曲げながら浮かべる。
★クミンシードは焦げやすいので気をつけて！

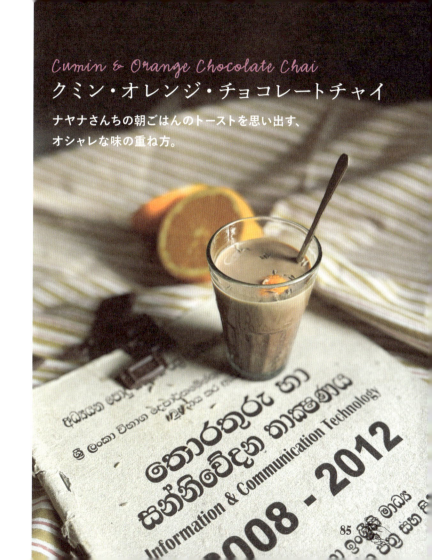

Cumin & Orange Chocolate Chai
クミン・オレンジ・チョコレートチャイ
ナヤナさんちの朝ごはんのトーストを思い出す、オシャレな味の重ね方。

魔法の一杯

　バングラデシュ北東部にある茶園の街、シレットまで旅をした。首都ダッカからシレットまでの列車移動は思いのほかハードで体調を崩し、駅のホームであぶら汗をかきながら絶望的な気持ちになっていた。旅先での体調不良は、健全なメンタルまでもやられるから厄介だ。
　不安度MAXに達した時、名も知らぬ心優しきベンガルの君がスッと差し出してくれたブラックペッパーとコリアンダーのチャイ。軽く炒ったコリアンダーのさわやかな香ばしさと、ブラックペッパーの辛味が効いている。ものすごく甘くて辛くて一瞬にして汗が引いた魔法の一杯。
　後から、コリアンダーとブラックペッパーがお腹の調子を整え、血流を良くしてくれることを知った。まだ旅にも慣れていない頃だったから、バングラデシュから早く逃げ出したかったけれど、あの青年のおかげでそれは帳消しになった。今でもこのチャイは、調子を整えたい時の特効薬だ。

Blackpepper & Coriander

Black pepper & Coriander Chai
ブラックペッパー・コリアンダーチャイ

お腹の調子を整えたい時に。
コリアンダーシードはすべて潰さず粒のままのものがあると、噛んだ時に香りがさらに広がります。

〔材料〕2杯分

〖プレーンチャイ〗の材料すべて(p.20)

コリアンダーシード
　　— 小さじ1/2 ＋ひとつまみ(飾り用)

ブラックペッパー
　　— 小さじ1/2 ＋ひとつまみ(飾り用)

〔作り方〕

1　コリアンダーシードはすべてフライパンで空炒りし、粒感が残るように潰す。ブラックペッパーはすべて細かく潰す。それぞれ飾り用はとっておく。

2　手鍋に水と茶葉、**1**を入れて〖プレーンチャイの作り方〗(p.21)で煮出し、カップに注ぐ。

3　飾り用の**1**を半量ずつふる。

Chapter 2　チャイレシピと旅ノート 南・東南アジア編

87

カンポットペッパー

　カンボジア南部に位置するカンポットは、フランスの面影を残す瀟洒(しょうしゃ)な街。ちょっと東に行けばベトナムに辿り着く。そしてここには、1870年代のフランス植民地時代から栽培されている特別な胡椒がある。

　その名も、「カンポットペッパー」。普通の胡椒よりも粒がしっかりしていて、しかも生で食べられる。生の胡椒はドライより味がシャープで、ミントやりんごのような甘い香りも感じる。これをドリアンやバナナと一緒に食べたり、炒めものに使ったり。

　帰国の前日、ドライにしたカンポットペッパーをスーツケースに忍ばせた。もちろんチャイにするために。早々に使い切ってしまったけれど、ブラックペッパーで代用可能。鮮烈な香りと辛味は、フルーツの甘さを引き立てる。カンボジアにはチャイはなかったけれど、これを作るたび、カンポットのあの潤んだ空気とビルボード（野外広告）脇に可憐に咲いた、白いプルメリアの花が揺れる光景を思い出す。

Kampot, Cambodia

Black pepper & Banana Chai
ブラックペッパー・バナナチャイ

ピリッとした辛みと鮮烈な香りの
ブラックペッパーが、バナナの甘味を引き立てます。

〔材料〕2杯分

〚プレーンチャイ〛の材料すべて(p.20)

完熟バナナ ── 30g(約1/3本)

ブラックペッパー ── 小さじ1・1/2 ＋ひとつまみ(飾り用)

〔作り方〕

1 ブラックペッパーはすべて細かく潰し、飾り用はとっておく。バナナは5mmの輪切り2枚を飾り用にし、他は潰す。

2 手鍋に水と茶葉、ブラックペッパーを入れ、〚プレーンチャイの作り方1〜4〛(p.21)で煮出す。

3 カップに砂糖(バナナの熟れ具合で量を調節する)とバナナ、2を注いで混ぜる。

4 飾り用のバナナをのせ、ブラックペッパーを半量ずつふる。

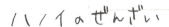
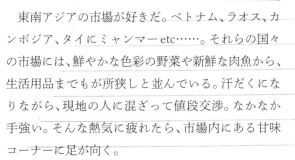

ハノイのぜんざい

　東南アジアの市場が好きだ。ベトナム、ラオス、カンボジア、タイにミャンマーetc……。それらの国々の市場には、鮮やかな色彩の野菜や新鮮な肉魚から、生活用品までもが所狭しと並んでいる。汗だくになりながら、現地の人に混ざって値段交渉。なかなか手強い。そんな熱気に疲れたら、市場内にある甘味コーナーに足が向く。

　甘く煮た豆や芋、どぎつい色のついたゼリーやタピオカ、フルーツなどを組み合わせて盛りつける店が多い。冷たいものも温かいものもあるけれど、特に印象に残っているのは、冬のハノイで食べた温かいチェー。ココナッツミルクに甘いあずき、生姜、ごまを合わせたぜんざいみたいなものだ。ココナッツミルクは南国感があるけれど、他は馴染みのある懐かしい味。そっとひと口含んだら、こわばっていた全身がゆるくほどけていくような感じがした。

　日本を感じた懐かしい甘味に、ココナッツミルクをチャイに変え、信州の寒空から南国へ想いを馳せる。

Azuki, Sesame & Ginger Chai
あずき・ごま・生姜チャイ

ハノイで食べたスイーツから生まれた、
ぜんざいとチャイのコラボレーション。

〔材料〕2杯分

〖プレーンチャイ〗の材料すべて(p.20)

A あずきの甘煮(粒あんでも) — 大さじ3(約75g)
　生姜のしぼり汁 — 小さじ3

白ごま — ふたつまみ

〔作り方〕

1　〖プレーンチャイの作り方1〜4〗(p.21)で煮出す。
2　カップに砂糖(あずきの甘煮の甘さで量を調節する)とAを半量ずつ入れ、1を注いで混ぜる。
3　白ごまを半量ずつ指でひねり潰しながらふる。

バンコクの鼓動

　初めてタイを旅した30年近く前。熱気とドリアンのにおいに包まれたバンコクは、とても猥雑で刺激的で、目に飛び込んでくる鮮やかな色の洪水に圧倒されっぱなしだった。

　たくましくて、したたかな人々。図々しいけれど、人懐っこい。ドキドキしながら、おどおどしながら、街を歩く。

　そんな時市場で見つけたのは、凍らせたいちごにシナモンをかけたスイーツ。ご丁寧に唐辛子までのっていて、口の中で、甘い、酸っぱい、辛いが爆発する。その途端、旅に対する不安が一気にどうでもよくなってしまった。この初めての味を口にした時、まだ見ぬ世界の広さに、胸が躍った。

　だから私のタイのイメージは、甘くて辛くて、少し酸っぱい。あれからバンコクは、訪れるたびすごい速度で変化しているけれど、あの時知った感覚は、今でも私の中に眠っている。

Cinnamon & Strawberry Chai
シナモン・いちごチャイ

甘くて上品な香りのシナモンと、
甘酸っぱいいちごが口の中に広がります。

〔材料〕2杯分

《プレーンチャイ》の砂糖以外の材料(p.20)

いちごペースト(p.24) ― 大さじ3

シナモン ― 5g

シナモンパウダー(好みで) ― 少々

〔作り方〕

1　手鍋に水と茶葉、細かく潰したシナモンを入れ、《プレーンチャイの作り方1〜4》(p.21)で煮出す。

2　カップにいちごペーストを入れ、1を注いで混ぜる。

3　シナモンパウダーを半量ずつふる。

★1で赤唐辛子の輪切り(種は除く)1/3本ほどを加えると、刺激的でよりタイの雰囲気に!

終の住処はチェンマイで

　タイ北部・チェンマイの食堂で、「カオモックガイ」と呼ばれるインドのビリヤニのような、スパイスの効いた炊き込みごはんを食べた。ひと口噛み締めた時、経験したことのないピリッとした辛味と鋭い清涼感、同時にほろ苦さを感じた。それは決して嫌な感じではなく、むしろ心地よいさわやかさ。

　その正体は、タイにしかないカルダモン。一般的なグリーンカルダモンとは明らかに見た目も香りのベクトルも違う。一緒に飲んだのは、甘い甘いレモネード。カルダモンのシャープな刺激と、レモンの清々しい香りが、チェンマイの湿気を軽やかにしてくれた。

　あのタイのカルダモンの代わりに、ミントとレモングラスを合わせて記憶を再現してみる。チェンマイは、都会すぎず田舎すぎない、人との距離も私にはちょうど良い地。
「終の住処はチェンマイで」
その密かなる夢が、チャイを煮詰める湯気からまたよみがえってしまった。

Cardamom, mint & Lemongrass Chai
カルダモン・ミント・レモングラスチャイ

フレッシュで清々しく心地よい刺激が、
暑くて湿度の高い夏の空気を和らげてくれます。

〔材料〕2杯分

〚プレーンチャイ〛の材料すべて(p.20)

A｜カルダモン ― 5粒
　｜レモングラス（ドライ）― 小さじ2
　｜ペパーミント（ドライ）― 小さじ1

〔作り方〕

1　カルダモンは細かく潰しておく。
2　手鍋に水と茶葉、Aを入れて〚プレーンチャイの作り方〛(p.21)で煮出し、カップに注ぐ。

★細かくカットされていないレモングラスは、切ってから計ります

★生のレモングラスやペパーミントで作るとより青々しい香りが楽しめますが、ドライの方が安定感がある味に

Chapter 2　チャイレシピと旅ノート　南・東南アジア編

灼熱の太陽の下で

　タイのミルクティー「チャーノムイェン」は、これでもかっていうくらい甘い。けれどその甘さは、灼熱の太陽の下だとむしろ心地よいくらいになるから不思議だ。
　中でも老舗紅茶ブランド「チャトラムー」の茶葉が有名。茶葉にオレンジの葉や花、八角、バニラなどの香料がブレンドされたもので、市場でもスーパーでもタイ中どこでも手に入る。タマリンドという南国のフルーツで着色されていて、アイスティーを作るとまず、抽出される紅茶の強烈なオレンジ色に驚く。そこへ大量のコンデンスミルクと牛乳、氷を加えて完成。これこそが、タイで飲むミルクティー。独自の文化を築いているのだ。
　帰国して、手元の材料でそれを再現できないかと日々苦戦。ようやくこのレシピができた。色は紅茶の自然な色みのみ。八角とバニラの甘さにシナモンとクローブを加えて奥行きを出す。日本の夏も年々暑さのレベルが上がるから、これくらい濃厚なアイスミルクティーが今後は求められるかもしれない。

THAI TEA

Cha tra mue.

Thai Cold Milk Tea
タイの冷たいミルクティー

八角やバニラの甘さや香りがクセになる、
濃厚なアイスミルクティー。

〔材料〕約3杯分

紅茶の茶葉 ― 20g
A ｜ 八角 ― 4〜5個(5g)
　｜ シナモン ― 10〜15g
　｜ クローブ ― 5〜6粒
水 ― 600〜650ml
バニラエッセンス ― 5〜6滴
コンデンスミルク ― 大さじ6〜9(90〜135ml)
牛乳 ― 200ml

〔作り方〕

1　鍋に水と茶葉、細かく潰したAを入れて火にかけ、沸騰したら弱火〜中火で5分ほど煮出す。
2　鍋を火からおろし、粗熱が取れたらバニラエッセンスを加え、茶こしでこす。この時茶葉やスパイスをスプーンでおさえて最後までギュッとしぼる。
3　カップにコンデンスミルク(甘さは好みで調節する)と2、牛乳を半量ずつを加え、よく混ぜる。
4　最後に氷を入れる。

★仕上げにエバミルク(無糖練乳)を少し加えるとコクが出ます

Chapter 2　チャイじじと旅ノート　南・東南アジア編

97

Myanmar Yangon

スモーキーで甘い国

　ミャンマーの人々は、ホスピタリティにあふれていた。現世で徳を積むことが来世へのより良き人生に繋がると信じる人々。道に迷えば目的地まで送り届けてくれたり、ラペイエサイ（お茶屋）でお茶を飲めば隣の人がおごってくれたり、とにかく外国人や助けを必要としている人に優しい、そんな国だ。
　見ず知らずの私にもお茶を飲もうと誘い、ミャンマーのお茶はこうなんだよ、と教えてくれる。ミャンマーでもお茶が栽培されていて、「発酵」よりも高い温度で「焦がす」製法に近いため、とても香ばしい。「ラペイエ」と呼ばれるミャンマーのミルクティーは、ほうじ茶を炒ったような香ばしさにコンデンスミルクをたっぷり入れた、スモーキーで甘い甘いミルクティー。ミャンマーにしかない、独特の味わいだ。
　穏やかな時間が流れるヤンゴンのラペイエサイで味わう濃厚なミルクティーは、ミャンマーの人たちに似た優しさがあった。

Myanmar Milk Tea
ミャンマーのミルクティー

香ばしいお茶にコンデンスミルクをたっぷり入れた、甘い甘いミルクティー。

〔材料〕2杯分

A | ほうじ茶の茶葉 — 5g
　| 紅茶の茶葉 — 5g

水 — 450ml

コンデンスミルク — 大さじ2〜3（30〜45ml）

〔作り方〕

1　Aを合わせ、フライパンで空炒りする。
2　鍋に水と1を入れて火にかけ、沸騰したら弱火〜中火で5分ほど煮出す。
3　カップにコンデンスミルクを入れ、2を注いでよく混ぜる。

★仕上げにエバミルク（無糖練乳）を少し加えるとコクが出ます

column 旅のスケッチ3

旅のもちもの

Chapter 2
チャイレシピと旅ノート
気分で楽しむチャイ

カルダモン・レモンチャイ

リフレッシュしたい時に

リフレッシュ、リラックスしたい時に。
さっぱりとした明るい気分になります。

〔材料〕2杯分

〚プレーンチャイ〛の材料すべて(p.20)

カルダモン ― 5～6粒＋2粒(飾り用)

レモンの皮 ― 2cm角2枚

〔作り方〕

1　レモンの皮をよく洗う。できれば塩水に5分ほど浸けておくとよい。
2　カルダモンは細かく潰し、飾り用に殻を2粒分とっておく。
3　手鍋に水と茶葉、1を入れて〚プレーンチャイの作り方〛(p.21)で煮出し、カップに注ぐ。
4　飾り用カルダモンを1粒ずつとレモンの皮を香りが出るように1枚ずつ折り曲げながら浮かべる。

ブラックペッパー・いちご・
チョコレートチャイ
ほっと一息つきたい時に

甘い香りにブラックペッパーを加え、
キリッと大人の味に仕上げます。

〔材料〕2杯分
〚プレーンチャイ〛の砂糖以外の材料(p.20)
ブラックペッパー
　　— 小さじ1・1/2 ＋ふたつまみ(飾り用)
A｜チョコレートシロップ(p.24) — 大さじ3
　｜いちごペースト(p.24) — 大さじ3
いちご — 1個(飾り用)

〔作り方〕
1　手鍋に水と茶葉、細かく潰したブラックペッパーを入れ、〚プレーンチャイの作り方 1〜4〛(p.21)で煮出す。
2　カップにAを半量ずつ入れ、1を注いでよく混ぜる。
3　いちごを3〜4mmの輪切りにして半量ずつ浮かべ、飾り用ブラックペッパーを半量ずつふる。
★チョコレートシロップの量はいちごペーストの甘さでバランスをみて

Chapter 2 チャイと共に旅ノート 気分で楽しむチャイ

103

ティムル・いちごチャイ
甘酸っぱい気分に

隠し味に加えるティムルの清々しい香りが、
いちごの甘酸っぱさを引き立てます。

〔材料〕2杯分
〘プレーンチャイ〙の砂糖以外の材料(p.20)
ティムル(ネパール山椒)
　　— 小さじ1＋ふたつまみ(飾り用)
いちごペースト(p.24) — 大さじ3
いちご — 1個(飾り用)

〔作り方〕
1　ティムルはすべて細かく潰し、飾り用はとっておく。
2　手鍋に水と茶葉、1を入れ、〘プレーンチャイの作り方1〜4〙(p.21)で煮出す。
3　カップにいちごペーストを半量ずつ入れ、2を注いで混ぜる。
4　いちごを3〜4mmの輪切りにして半量ずつ浮かべ、飾り用ティムルを半量ずつふる。

ルイボス・ハーブチャイ
いたわりなチャイ

ノンカフェインの優しいチャイ。
煮出している時の香りにも癒されます。
ハーブは2〜3種類でもOK。

〔材料〕2杯分

〖プレーンチャイ〗の茶葉以外の材料(p.20)

ルイボスティーの茶葉 — 5〜6g

カルダモン — 3粒

A ｜ ローズペタル — 小さじ1
　｜ ラベンダー — 小さじ1
　｜ ペパーミント — 小さじ1
　｜ カモミール — 小さじ1
　｜ レモングラス — 小さじ1/2〜1

〔作り方〕

手鍋に水と茶葉、細かく潰したカルダモン、**A**を入れて〖プレーンチャイの作り方〗(p.21)で煮出し、カップに注ぐ。

★**A**はすべてドライを使用します
★ルイボスティーにほのかな甘さがあるので、砂糖はお好みで

チョコレート・ミントチャイ
リラックスしたい時に

すっきりとしたミントの香りが、
チョコレートの甘さに余韻を残します。

〔材料〕2杯分
〖プレーンチャイ〗の砂糖以外の材料(p.20)
ペパーミント（ドライ）― 小さじ1・1/2
チョコレートシロップ(p.24) ― 大さじ3

〔作り方〕
1 手鍋に水と茶葉、ペパーミントを入れ、〖プレーンチャイの作り方1〜4〗(p.21)で煮出す。
2 カップにチョコレートシロップを半量ずつ入れ、1を注いでよく溶かす。

柚子・生姜チャイ
身体を温めたい時に

ピリッとさわやかな味わいで、
身体が温まります。

〔材料〕2杯分

〖プレーンチャイ〗の材料すべて(p.20)

生姜のしぼり汁 ─ 小さじ3

柚子の皮 ─ 2cm角2枚

ピンクペッパー ─ 2〜4粒

〔作り方〕

1　柚子の皮をよく洗う。塩水に5分ほど浸けておくとよい。

2　〖プレーンチャイの作り方1〜4〗(p.21)で煮出す。

3　カップに砂糖と生姜汁を半量ずつ入れ、**2**を注いで混ぜる。

4　柚子の皮を香りが出るように1枚ずつ折り曲げながら浮かべ、ピンクペッパーを半量ずつのせる。

Chapter 2　チャイとど旅ノート　気分で楽しむチャイ

107

〔材料〕2杯分
【プレーンチャイ】の茶葉以外の材料(p.20)
ルイボスティーの茶葉 ― 5〜6g
A　シナモン ― 1g
　　カルダモン ― 3〜4粒
　　クミンシード ― 小さじ1/2
シナモンリーフ(テジパット)
　　― 1枚(なければシナモンをもうひとつまみ加える)
生姜のしぼり汁 ― 小さじ1・1/2
マサラパウダー(p.18) ― ふたつまみ

〔作り方〕
1　Aはそれぞれ細かく潰し、シナモンリーフはちぎっておく。
2　手鍋に水と茶葉、1を入れ、【プレーンチャイの作り方1〜4】(p.21)で煮出す。
3　カップに砂糖と生姜汁を半量ずつ入れて2を注いで混ぜる。
4　マサラパウダーを半量ずつふる。
★ルイボスティーにほのかな甘さがあるので、砂糖はお好みで

ルイボス・マサラチャイ
おやすみなチャイ
ノンカフェインのルイボスティーとスパイスたっぷりの組み合わせは、眠りにつく前におすすめです。

mimiLotus ハコ作り日誌

ご先祖さまが残してくれた信州の建物を、
旅の景色をヒントにリノベーション。
ここからまた旅に出て、チャイや私が好きなものを
発信していくベース基地のような「ハコ」です。
皆さんをお迎えできることに、感謝の日々です。

明治時代、木綿問屋を営んでいた実家の「綿屋」
の建物をリノベーションしてお店に。

古民家大改装

この場所が客席部分と厨房に。手前の部屋はお座敷だったところ。

完成！
旅の雰囲気を感じる、どこか懐かしくて温かい空間に。

障子も紙をはがしてきれいにして、パーテーションに再生。

畳の下から出てきた床板。状態が良かったので、店の床に使用した。

引いてもらった図面は数知れず。スクラップブックやノートを広げて、設計士さんにイメージを細かく伝えた。

mimiLotus ハコ作り日誌

こだわりのポイント

断片的な旅の記憶を組み合わせ、築120年の日本家屋に落とし込む――
3年半の時間がかかったけれど、思い描いた1つの絵ができあがりました。

1 扉

ガラス部分には、お店のロゴマークをネパール風のタッチでプロに描いてもらった。

鎌倉のお店で使っていた愛着のある扉をリメイクして使用することに。

お手本はネパールやインドでのスナップ写真。

完成！
エントランスはお店の顔。

南インドで一目ぼれした窓ガラス。なんと、まったく同じ柄のフローラガラスをガラス屋さんで発見！

ガラス屋さんではいろいろなガラスを見せてもらった。

2 照明

昭和に生産されたガラスのお皿に穴をあけて、電球の傘に。温かい灯りを灯してくれる。

3 チャイホルダー

ネパールやインドではチャイの出前を頼むと、こんなホルダーに入れて運んできてくれる。お店でもこれを使いたくてご近所さんに作っていただいた。

4 さびれ感

扉と机に使ったのはエイジングウッドという古材風に仕立てた緑色の木材。そこにいい感じのさびれ感を出したくて、いろいろなペンキを塗り重ねて試行錯誤。

5 廃材の看板

廃材も、私にとってはワクワクが止まらない素材。店内のサインプレートのほとんどは、車のマフラー部分や一斗缶を潰したり切ったりして作った。

Chapter 3

焼き菓子レシピと旅ノート

スパイスやフルーツたっぷりの
ヴィーガン＊ビスケットや、
サクサクふわふわのスコーン。
旅で出会った風景から生まれた、
チャイと一緒に食べたいおやつです。

＊動物性食品を食べない菜食のこと

ビスケット 基本の作り方

粉やスパイス、フルーツを入れ替えれば、
アレンジ自在。作り方はすべて同じです（〜p.118）。

〔基本の材料〕

A：粉類
B：スパイス
C：砂糖やフルーツ、油

〔基本の作り方〕

1 ボウルを2つ用意し、1つのボウルにAをふるい入れてBを加え、泡立て器でよく混ぜる。
2 もう1つのボウルにCを入れ、泡立て器でよく混ぜてまとめる。
3 2に1を加え、ゴムベラでサックリ混ぜてまとめる（まとまりが悪い時は油を少し増やす）。
4 8mmの厚さにのばして型で抜き（大きめに切ったラップに挟むとのばしやすい）、天板に並べ、フォークで真ん中に空気穴をあける。
5 190℃に予熱したオーブンで9〜10分焼く。
6 天板の焼く段と向きを変え、さらに10分ほどきつね色になるまで焼く。

チャイのおとも4
素精糖シロップ

〔材料〕作りやすい分量

素精糖またはきび砂糖 ― 200g
水 ― 100ml

〔作り方〕

1 鍋に材料をすべて入れ、沸騰するまで混ぜながら強火にかける（沸騰すると一気に吹きこぼれるので注意）。

〔保存〕 冷まして保存びんに入れ、冷蔵で1〜2週間保存可能

Chapter 3 焼き菓子レシピと旅ノート

113

Biscuit
マドゥライの喧騒
マサラとココナッツの小麦ビスケット

〔材料〕直径6cmの丸型10〜11個分

A｜薄力粉 — 115g
　アーモンドプードル — 40g
　片栗粉 — 15g
　岩塩 — 1〜2g

B｜ココナッツファイン — 45g
　マサラパウダー(p.18) — 6g
　ブラックペッパー
　　（粗挽きまたは細かく潰す）— 2g

C｜素精糖シロップ(p.113) — 55g
　菜種油 — 50g

〔作り方〕
《ビスケット基本の作り方》(p.113)の通りに。

　南インド中南部に位置する街マドゥライには、素敵なチャイ屋がたくさんあった。強い日差しに晒された壁はいい具合に褪せていて、そこでチャイを囲む人々の姿がとてもかっこよかった。

　ほとんどのお店のチャイは、スパイスを使っていない。シンプルなチャイにちょっと湿気たココナッツのビスケットを浸すと、ちょうどいい具合の食感になる。隣のサモサ屋台からは、スパイシーなマサラの香り。マドゥライの喧騒の中でかじるビスケットは、素朴さと刺激が交わっていた。

Chapter 3　焼き菓子レシピと旅ノート

115

Biscuit
ギータの秘密
フェンネルシードとシナモンの全粒粉ビスケット

ネパールはポカラのアパートに暮らしていた時の大家さん、サン・ギータは、チャイの隠し味にフェンネルとシナモンを加える。フェンネルには消化を助ける働きがあるので、食後にいただくこのチャイは格別だった。「このレシピは内緒ね」って毎回ウィンクしながら作る姿も可愛らしかった。秘密のスパイス使いをヒントに、ビスケットにしてみる。

爽快なフェンネルとシナモンの甘さ。ひと口頬張ると、穏やかで柔らかなネパールのキッチンの風景が広がる。

〔材料〕直径6cmの丸型9個分

A｜薄力粉 — 65g
　｜全粒粉 — 50g
　｜アーモンドプードル — 40g
　｜片栗粉 — 15g
　｜岩塩 — 1〜2g
B｜ココナッツファイン — 10g
　｜フェンネルシード — 1〜2g
　｜シナモンパウダー — 1g
C｜素精糖シロップ(p.113) — 50g
　｜菜種油 — 45g

〔作り方〕
〚ビスケット基本の作り方〛(p.113)の通りに。

Chapter 3 焼き菓子レシピと旅ノート

Biscuit
アンガンの衝撃
アジョワンとレモンの米粉ビスケット

〔材料〕直径6cmの丸型9〜10個分

A │ 米粉 ― 80g
　│ アーモンドプードル ― 30g
　│ そば粉 ― 30g
　│ 片栗粉 ― 15g
　│ 岩塩 ― 1〜2g
B │ アジョワンシード(すり潰す) ― 1g
C │ 有機レモンの皮(細かく刻む) ― 7〜8g
　│ 素精糖シロップ(p.113) ― 45g
　│ 菜種油 ― 72g

〔作り方〕

《ビスケット基本の作り方》(p.113)の通りに。

　ネパール・ポカラの老舗のお菓子屋さん、「ANGAN(アンガン)」で食べたビスケットにはアジョワンが使われていた。一般的にアジョワンはカレーの隠し味に少し使う程度の、独特なクセのあるスパイス。消化を助け、抗酸化作用も抜群で、インドやネパールでは薬のように親しまれている。

　そんな変わり種のスパイスを使ったビスケット。初めて口にした時、新しい扉が開けたような衝撃を受けた。アジョワンは、焼くことでタイムにも似たビターな心地よい清涼感が生まれる。さっぱりしたレモンの香りを加え、さっくり食べごたえのある米粉で仕上げた。

マサラ香るアイスクリーム

インドやネパールの強くて乾いた日差しの下で食べる
アイスクリームは最高のごちそう。
スパイスとナッツをたっぷりかけ、
少し溶けかけたところをパクッ!

〔材料〕**すべて好みの量**

バニラアイスクリーム(脂肪分高めのものがおすすめ)
マサラパウダー(p.18)
ピスタチオ

〔作り方〕

器にバニラアイスクリームを盛り、マサラパウダーと細かく刻んだピスタチオを散らす。

★さらにカルダモンパウダーやフェンネルパウダー、
細かく潰したブラックペッパー、サフランなどを好みで加えても。
サフランは高価なスパイスですが、加えるとより現地風に

サブレスコーン
スコーン基本の作り方

スパイスやフルーツの組み合わせを変えれば、
いろいろな味が楽しめます。

〔材料〕直径7.5cmの丸型8個分

A | 薄力粉 ― 250g
　| ベーキングパウダー ― 7〜8g
　| 素精糖またはきび砂糖 ― 50g
　| 岩塩 ― 2g

無塩バター ― 100g

B | 卵（溶いておく）― 1個
　| 牛乳 ― 大さじ1

照り用の牛乳 ― 適宜

〔作り方〕

1　大きめのボウルにAをふるい入れ、室温にもどしたバターを加えて手で混ぜる。

2　バターがAと馴染んできたらBを加え、全体を折りたたむように生地をまとめる。

3　台の上に打ち粉をして2を1.5cmの厚さにのばし、型で抜く（1つ60gが目安）。

4　天板に隣同士がくっつかないように並べ、照り用の牛乳を表面に塗る。

5　180〜185℃に予熱したオーブンで20〜23分、途中で天板の段と向きを変えながら焼く。

★好みでホイップクリームを添えても

パリの友人宅でチャイを作った時、そのおともに出されたのはバターたっぷりのサブレ・ブルトン。ブルターニュ地方の伝統菓子で、ほどよい塩味が効いている。シンプルながら、バターのコクと時おり感じる塩味、そしてサクサクの食感は、当時まだ迷走中だった私のチャイの味を数倍も深みのあるものに変えてくれた。

パリの空はいつもグレーで肌寒かったけれど、アツアツのチャイに浸しながら食べるサブレ・ブルトンは格別だった。スコーンのレシピをベースに、何度も試作して生まれたサブレスコーン。シンプルでどんなチャイとも相性が良い。

Chapter 3　焼き菓子レシピと旅ノート

121

Second

生八ツ橋をヒントに
シナモンと金時豆のスコーン

子どもの頃から大好きな、京都のお菓子"生八ツ橋"から
インスピレーションを得たアレンジ。
外はサクッと、中はしっとり。ほっくり甘い金時豆に
香ばしいシナモンをプラスして、どこか懐かしい味わいに。

〔材料〕直径6.5cmの丸型約5〜6個分

A｜薄力粉 — 250g
　｜ベーキングパウダー — 7〜8g
　｜素精糖またはきび砂糖 — 45g
　｜岩塩 — 1g
　｜シナモンパウダー — 3g
無塩バター — 80g
B｜卵(溶いておく) — 1個
　｜金時豆の甘煮 — 60g＋5〜6粒(飾り用)
照り用の牛乳 — 適宜

〔作り方〕

1 『スコーン基本の作り方1〜2』(p.121)で材料のABをおきかえて生地をまとめる。
2 台の上に打ち粉をし、1を4〜5cmの厚さにのばして型で抜く(1つ95gが目安)。
3 天板に並べ、照り用の牛乳を表面に塗る。
4 195℃に予熱したオーブンで15分、180℃に下げて10分焼き、飾り用金時豆を1粒ずつのせる。さらに175℃に下げて6分焼く。
5 焼きあがったら濡れ布巾をかけて冷ます。

★乾燥金時豆25〜30gで甘煮60gが作れます

〔材料〕直径6.5cmの丸型約5〜6個分

A｜薄力粉 — 250g
　｜ベーキングパウダー — 7〜8g
　｜素精糖またはきび砂糖 — 40g
　｜岩塩 — 1g
　｜カルダモン（細かく潰す） — 1g
　｜カルダモンパウダー — 2g

無塩バター — 80g

B｜卵（溶いておく） — 1/2個
　｜完熟バナナ — 正味100g（1・1/2〜2本）

バナナチップ — 5〜6枚
照り用の牛乳 — 適宜

〔作り方〕

1　〖スコーン基本の作り方1〜2〗(p.121)で材料のABをおきかえて生地をまとめる。

2　台の上に打ち粉をし、1を4〜5cmの厚さにのばして型で抜く（1つ95gが目安）。

3　天板に並べ、照り用の牛乳を表面に塗る。

4　195℃に予熱したオーブンで15分、180℃に下げて10分焼き、バナナチップを1枚ずつのせる。さらに175℃に下げて6分焼く。

5　焼きあがったら濡れ布巾をかけて冷ます。

scone

ケララおじさんの笑顔
カルダモンとバナナのスコーン

南インド・ケララ州のバナナ屋台のおじさんが、
「カルダモンはバナナの甘さが引き立つよ」って教えてくれた。
白い歯を見せたニコニコの笑顔が忘れられない。
紅茶はもちろん、キリッと冷えた白ワインとも相性抜群！

ネパール風ミルクプリン

ミルクの優しいプリンに、
スパイスをプラスしてネパール風に。

〔材料〕5人分

牛乳 — 400ml

生クリーム — 100ml

アガー — 7〜8g

グラニュー糖 — 67g

ラム酒（あればネパール産のククリラム） — 20ml

A｜ティムル、ピンクペッパー、ピスタチオ — 各少々

〔作り方〕

1 鍋に牛乳と生クリームを合わせて入れる。
2 ボウルにアガーとグラニュー糖を粉のまま入れて混ぜ、1にだまにならないように混ぜながら少しずつ加え、火にかける。
3 沸騰したらさらに1分ほどかき混ぜて煮溶かす。
4 火を止め、ラム酒を加えてよく混ぜる。
5 水で濡らした型に入れ、冷やし固める。
6 食べる直前に、細かく潰したAを散らす。

ネパールでの暮らしでわりと深刻だったのが、おいしいスイーツにありつけないことだった。ネパールのお菓子は、とにかく頭が痛くなるほど甘い。牛乳や砂糖を煮詰めた"バルフィ"、小麦粉とチーズを混ぜ合わせて揚げ、シロップ漬けにした"ラルモハン"、ベサン（ひよこ豆の粉）とギー（バター）を炒めて丸めた"ラドゥ"など。最近はバタークリームたっぷりのショートケーキやドーナツもあるけれど、なぜか空気のようにスカスカしていて謎に固い……。

　だからスイーツは自分で作ろうと決めた。現地で調達できる材料で初めて作ったのがミルクプリン。チャイに使うミルクが余ったら、現地のラム酒「ククリラム」で風味を付ける。ククリラムは、ネパール南部で栽培されるさとうきびから作られるラム酒で、ハチミツのような甘さがある。ゼラチンはなかなか手に入らないので、コーンスターチで代用し、仕上げにティムルをふりかける。たったそれだけだけど、ずいぶんお腹も心も満たされた。

Chapter 3　焼き菓子レシピと旅ノート

おわりに

本書のタイトル「旅のち、チャイ」。この "のち" という響きは、本をつくる時間を重ねるたびにじわじわと自分の中に染み込んでいくようでした。

旅の中で知った景色、におい、色彩、音、そして出会った人たち……それらすべてが、私の作るチャイに繋がっているのだと改めて感じました。

信州のお店「mimiLotus（ミミロータス）」の中央の窓からは、庭の景色が広がります。お客さまはその庭を眺めながら、ゆったりチャイを飲んでいて、その姿を厨房から眺めることが私の密かな日々の楽しみ。そしてその景色と、次の旅先の景色を重ねています。

ページをめくる皆さんに、旅の景色とチャイの香り両方のワクワクをお届けできますように。そして紅茶もスパイスも、今まで以上に身近に寄り添うものになるのなら、これ以上うれしいことはありません。

この本をつくるにあたり、本当にたくさんの方々に助けていただきました。出版するチャンスを与えてくださった婦人之友社さまはじめ、編集の菅聖子さん、久崎彩加さん、デザイナーの塚田佳奈さんにはずいぶん無理を言ったのに、根気強く素敵な一冊を一緒につくってくださいました。猛暑の中、ノンストップで素晴らしい写真を撮ってくださったカメラマンの柳原美咲さん。

そして、そのすべてのきっかけをつくってくれた親愛なる友人、小路桃子ちゃん。

いつも近くで支えてくれた家族、励ましアイディアを送ってくれた友人たち。見えないところで応援してくださり、見守ってくださるお客さま。旅先で出会ったたくさんの名も知らぬ人たち──。

数えきれぬ皆さまに、感謝でいっぱいです。

心から、ありがとうございます。

吉池 浩美

装丁・デザイン／塚田佳奈、石田百合絵(ME&MIRACO)
撮影・イラスト・手描き文字／吉池浩美
撮影／柳原美咲(p.3,10-11,14-18,20-21,109-111,128)
編集／久崎彩加(婦人之友社)

旅のち、チャイ
チャイと焼き菓子のレシピ&旅ノート
2024年12月10日　第1刷発行

著者　　吉池浩美
編集人　菅聖子
発行人　入谷伸夫
発行所　株式会社婦人之友社
　　　　〒171-8510 東京都豊島区西池袋2-20-16
　　　　TEL03-3971-0101
　　　　https://www.fujinnotomo.co.jp/
印刷・製本　シナノ書籍印刷株式会社

©Hiromi Yoshiike 2024　Printed in Japan
ISBN978-4-8292-1072-7

乱丁・落丁はお取替えいたします。
本書の無断転載、コピー、スキャン、デジタル化などの
無断複製は著作権法上の例外を除き禁じられています。

吉池浩美
Hiromi Yoshiike

中学時代に、両親の勧めで訪れたネパールでチャイと出会う。自由学園卒業後、神奈川県の「紅茶専門店ディンブラ」で故・磯淵猛氏に師事。2005年鎌倉に「紅茶専門店ミミロータス」を開き13年間営業した後、閉店。1年間ネパール各地で現地の人々にチャイをふるまう旅をする。現在は長野県東御市でチャイと焼き菓子の店「mimiLotus」を営む。
Instagram @mimi.lotus